Karl-Wilhelm Weeber

Wie war Ihr Tag, Caesar?

Karl-Wilhelm Weeber

Wie war Ihr Tag, Caesar?

Eine römische Kulturgeschichte in Interviews

THEISS

Die Deutsche Nationalbibliothek verzeichnet diese Publikation in der Deutschen Nationalbibliografie; detaillierte bibliografische Daten sind im Internet über http://dnb.dnb.de abrufbar.

Der Konrad Theiss Verlag ist ein Imprint der WBG.

Die Herausgabe des Werkes wurde durch die Vereinsmitglieder der WBG ermöglicht.
Lektorat: Rainer Wieland, Berlin
Gestaltung & Satz: Mario Moths, Marl
Einbandgestaltung: Christian Hahn, Frankfurt a. M.
Einbandabbildung: Porträt des Bäckers Terentius Neo und seiner Frau, 55 – 79 v. Chr., Fresko aus Pompeji, Museo Archeologico Nazionale, Neapel, Italien. © akg-images / De Agostini Picture Lib.
Gedruckt auf säurefreiem und alterungsbeständigem Papier
Printed in Germany
Besuchen Sie uns im Internet: **www.wbg-wissenverbindet.de**

ISBN 978-3-8062-2944-8

Elektronisch sind folgende Ausgaben erhältlich:
eBook (PDF): ISBN 978-3-8062-3010-9
eBook (epub): ISBN 978-3-8062-3011-6

INHALT

EINFÜHRUNG

Caesar hat keine Interviews gegeben, auch Kaiser Augustus nicht, der größte PR-Virtuose des Altertums, und erst recht nicht eine Fischhändlerin Aurelia Nais oder ein Bestatter Lucius Tossius Amphio. Das publizistische Format des Interviews konnte sich damals noch nicht etablieren, weil es so gut wie keine Massenmedien gab, die seine „Botschaften" hätten verbreiten können. Wenn wir es als Darstellungsprinzip für dieses Sachbuch wählen, so entspringt das der Absicht, kulturgeschichtliches Wissen über die römische Antike in aufgelockerter, eingängiger Form zu vermitteln. Wer das skeptisch als Häppchen-Historie sieht, der möge zumindest probieren, ob es sich um schmackhafte Häppchen handelt. Das Interesse jedenfalls, auf das der in der Anlage vergleichbare Interviewband mit Seneca (*Auf einen Wein mit Seneca,* 2012) gestoßen ist, hat dem Autor Mut gemacht, das Format des kulturgeschichtlichen Sachbuchs in Interviewform weiter zu erproben.

Der Unterschied zum Seneca-Band liegt indes auf der Hand. Dort sind die Antworten authentische Seneca-Zitate, hier handelt es sich um fiktive Interviews, die sich inhaltlich auf allgemeine historische Quellen stützen. Hinsichtlich der prominenten Interview-Partner sind sie in der Regel als Biographie-bezogene Informationen aus deren persönlichem, politischem und gesellschaftlichem Umfeld bekannt. Ausgewählt wurden sie allerdings weniger, um die Lebensgeschichte der einzelnen Person darzustellen. Vielmehr ermöglichen sie Einblicke in allgemeine kulturgeschichtliche, politische und zivilisatorische Verhältnisse und Entwicklungen in zentralen Epochen der römischen Geschichte. Sie gehen von einem bestimmten Tag im Leben dieser Menschen aus, weisen aber weit über diesen Tag hinaus.

Über die nichtprominenten Gesprächspartner sind oft nur dürre biographische Details aus Grabinschriften bekannt; einige wenige Personen sind gänzlich fiktive Gestalten. Die Interviews sollen auf exemplarische Weise Lebens- und Berufswelten, Freizeitvergnügen und soziale Verhältnisse beleuchten – und zwar eben auch der „kleinen Leute", die sonst meist im Schatten der Geschichte bleiben.

Der Interviewer versteht sich als Zeitgenosse der Interviewten, nicht als distanzierter Fragesteller aus dem 21. Jahrhundert. Wenn er dadurch über zeitgenössisches Wissen verfügt, das der heutige Leser nicht hat, so muss er sich gelegentlich etwas unwissender geben, als er ist – nach Möglichkeit aber, ohne dabei den großen geschichtsdidaktischen Holzhammer zu schwingen.

Die interviewten Personen sprechen Deutsch – und zwar kein künstlich latinisiertes, sondern das Deutsch, das sie heute sprächen – der Kaiser und der gebildete Aristokrat gewählteres als der Gladiator und der Schuster. Deshalb sind Begriffe wie „Job“ oder „sich outen“ keine Fremdkörper. Wenn man sich einmal auf die Fiktion eingelassen hat, sind das keine „Modernismen“, die man aus dem Munde eines alten Römers nicht erwartet. Aus dessen Mund erwartet man bei puristischer Betrachtung überhaupt kein Deutsch, und da wäre selbst das Deutsch der Goethe-Zeit ein Anachronismus.

Unsere Interviews decken ein vergleichsweise breites Spektrum kultur- und alltagsgeschichtlicher Themen ab. Ein Anspruch auf Vollständigkeit, wie immer man sie bei diesem Thema und Format definieren würde, verbindet sich damit indes nicht. Und auch keiner auf Systematik. Es sind subjektiv ausgewählte Begegnungen, die dem Autor beim Aufschreiben Freude gemacht haben – und allen, die sie nachlesen, hoffentlich auch.

PROMINENTE

APPIUS CLAUDIUS CAECUS

MARCUS PORCIUS CATO

CORNELIA

GAIUS SERGIUS ORATA

SPARTACUS

GAIUS IULIUS CAESAR

AUGUSTUS

IUNIA TORQUATA

MESSALINA

NERO

VESPASIAN

UMMIDIA QUADRATILLA

GAIUS PLINIUS SECUNDUS D. J.

„Zukunftsweisende Plünderung der Staatskasse"
APPIUS CLAUDIUS CAECUS, POLITIKER, ERBAUER DER VIA APPIA

Appius Claudius Caecus (ca. 340 bis ca. 280 v. Chr.) war im Jahre 312 v. Chr. Censor; auch in den nächsten Jahrzehnten bekleidete er noch wichtige Ämter. Er ist eine der frühesten historisch greifbaren Gestalten der Geschichte Roms. In seiner Censur erwies er sich als entschiedener Reformer. Mit seinem Namen verbinden sich bis heute zwei große Bauprojekte: die Via Appia, später als regina viarum, *„Königin der Straßen", gerühmt, und die Aqua Appia, Roms erste Wasserleitung. Den Beinamen Caecus, der „Blinde", erhielt er, weil er angeblich im Alter erblindete.*

Seit wenigen Tagen sind Sie aus dem Amt des Censors ausgeschieden. Damit dürfte es in Ihrem Leben wieder ruhiger zugehen. Wie war Ihr Tag, Appius Claudius?

Sie haben recht: Ich bin froh, dass ich mal wieder ordentlich durchatmen kann – obwohl es noch reichlich „Nachlesen" in Form von Gesprächen gibt. Wir hatten heute eine Senatssitzung, in der auch Dinge diskutiert wurden, die in meiner Censur angeschoben worden sind. Sie können sich denken, dass ich da noch stark engagiert bin. Danach war ich beim Arzt, was den Tag auch nicht gerade entspannter gemacht hat.

Geht es Ihnen nicht gut?

Doch, im Allgemeinen schon. Sorgen machen mir die Augen. Meine Sehkraft lässt rapide nach.

Konnte der Arzt Ihnen helfen?

Er hat mir eine Salbe mitgegeben. Grundsätzlich ist er aber eher pessimistisch. Nach aller Erfahrung müsse man mit einem progredienten Verlauf rechnen, meint er – bis hin zur völligen Erblindung.

Hoffentlich nicht! Wir wünschen Ihnen alles Gute – und hoffen, dass der Arzt sich irrt.

Ich danke Ihnen sehr. Warten wir's ab! Mein politisches Engagement wird unter dieser Sehschwäche sicher nicht leiden. Ich werde im Senat weiter Stellung beziehen. Man redet ja schließlich nicht mit den Augen.

Aber Sie können jetzt ein vorläufiges Fazit ziehen, nachdem die Censur hinter Ihnen liegt. Wie sieht es aus? Sind Sie zufrieden?

Unbedingt. Ich habe das meiste von dem durchsetzen können, was ich mir vorgenommen hatte. Das ist – bei allem Ärger, der auch damit verbunden war – ein großartiges Gefühl. Ja, ich bin sehr zufrieden.

Bevor wir auf Einzelheiten Ihrer Tätigkeit zurückblicken: Gab es eine Art Masterplan, mit dem Sie angetreten sind, eine Vision?

Im Unterschied zu anderen Politikern, die Kollegen mit Visionen am liebsten zum Arzt schicken möchten, stehe ich zu meiner Vision. Die hieß und heißt: Rom zukunftsfähig machen! Reformen und Projekte anstoßen und nach Möglichkeit auch durchführen, die diesem aufstrebenden Gemeinwesen für die nächsten Jahrzehnte sozusagen stabile Leitplanken für eine positive Weiterentwicklung setzen.

Teil dieses Konzepts „Zukunftsfähigkeit“ war es, den Senat für Angehörige anderer Klassen – bis hin zu Söhnen von Freigelassenen – zu öffnen. Das hat Ihnen wütende Proteste eingetragen.

Und manche persönliche Feindschaft. Natürlich. Immer wenn Sie die Basis der politisch Verantwortlichen erweitern wollen, stoßen Sie auf Widerstand bei der etablierten Elite. Die verteidigt ihre Privilegien und schottet sich nach unten ab. Das war hier nicht anders – und angesichts des politischen Gewichts, das der römische Senat als letztlich wichtigstes Entscheidungsgremium hat, auch durchaus zu erwarten.

Sie haben diese Reform betrieben, obwohl der massive Widerstand vorauszusehen war?

Anders kriegen sie keine Kursänderung hin. Mein Punkt ist: Im Laufe der letzten Jahrzehnte, die militärisch und politisch äußerst erfolgreich für Rom waren, haben sich auch die Strukturen unserer Gesellschaft verändert. Da gibt es Aufsteiger, die es finanziell geschafft haben und die bereit und willens sind, entsprechende Verantwortung für unser Gemeinwesen zu übernehmen. Die sind ganz heiß auf politische Teilhabe. Und es wäre ein schwerer Fehler, diesen Integrationsprozess zu stoppen. Wir brauchen diese „hungrigen“ Leute dringend.

Daher Ihre Pläne, den Zugang zum Senat zu erleichtern.

„Erleichtern“ ist vielleicht das falsche Wort. Es geht ja nicht darum, die grundsätzliche Qualifikation – im Wesentlichen das Vermögen – abzuschaffen, sondern schlicht zur Kenntnis zu nehmen, dass, wenn Sie so wollen, soziale Newcomer eben diese Qualifikationskriterien erfüllen. Es gehört zur Zukunftsfähigkeit unseres Staates, solche gesellschaftlichen Entwicklungen auch politisch umzusetzen – auch wenn die alte Elite ihre Vorrechte mit Zähnen und Klauen verteidigt.

Haben Sie mit der Intensität des Widerstandes gerechnet, der Ihnen da entgegengeschlagen ist?

Ehrlich gesagt nicht. Aber gut. Ich habe breite Schultern. Unsere Familie hat das Fähnchen nie in den Wind gehalten. Wir Appier sind keine Opportunisten.

Mindestens ebenso großen Unmut hat Ihre Reform erzeugt, besitzlose Bürger in alle 35 Wahlbezirke aufzunehmen, nicht nur in die vier städtischen. Damit schwächen Sie die konservativen Landbezirke. Die darin dominierenden Grund- und Großgrundbesitzer fühlen sich politisch entwertet, wenn städtische Habenichtse – so deren Ausdrucksweise – auch in die ländlichen Tribus eingeschrieben werden und sich die Mehrheitsverhältnisse dort womöglich ändern.

Ja, das Geschrei war groß. Die Senatsaristokratie ist gegen diese – von ihr so empfundene – Entmachtung Sturm gelaufen. Aber ich bin sicher, dass auch diese Integrationsmaßnahme im wohlverstandenen Interesse der Gesamtbürgerschaft liegt. Wir müssen auch den kleinen Leuten deutlich machen, dass sie uns wichtig sind. Auch die werden ja zunehmend zum Kriegsdienst herangezogen. Da können Sie sie auf Dauer politisch nicht durch administrative Tricks kleinhalten. Tricks, die in ihrer wenig volksfreundlichen Tendenz leicht zu durchschauen sind. Rom will weiter wachsen, darin sind wir uns alle einig. Dann müssen wir das auch in konkrete politische Entscheidungen umsetzen. Rom wird ja dadurch beileibe keine Demokratie wie Athen zur Zeit des Perikles werden. Da hätte auch ich erhebliche Vorbehalte.

Trotzdem sind Sie wegen Ihrer „volksfreundlichen" Politik heftig angefeindet worden. Sie gelten bei vielen Senatoren als gefährlicher Erneuerer, als „Volksfreund", der die Stellung des Senats gefährdet.

Was dummes Zeug ist. Mit der Zuführung frischen Blutes, um es mal so auszudrücken, stärke ich auf Dauer den Senat – und den Staat.

Da haben Sie unseres Erachtens noch eine Menge Aufklärungsarbeit zu leisten. Wir kennen viele, die extrem verärgert sind. Können Sie ein politisches Rollback in den nächsten Jahren ausschließen?

Leider nein. Ich fürchte, dass vieles von dem, was wir an politisch-administrativen Reformen erreicht haben, demnächst wieder auf den Prüfstand kommt. Da kann es in der nächsten Zeit noch zu „Korrekturen" kommen, die ich als Rückschritte empfände. Aber ich werde gemeinsam mit meinen politischen Freunden dagegen ankämpfen. Mit welchem Erfolg, wird man sehen.

Völlig unumstritten sind dagegen die großen Bauprojekte, die Sie in Auftrag gegeben haben.

Unumstritten? Na ja. Auch da hat es eine Menge Gegenwind gegeben. Manche meinten, von „Plünderung der Staatskasse“ sprechen zu sollen. Aber das sind die üblichen Bedenkenträger, kleine Geister, die den künftigen Nutzen dieser Infrastrukturmaßnahmen einfach nicht erkennen.

Welches Ihrer beiden großen Projekte ist das wichtigere – die Straße oder die Wasserleitung?

Ich glaube nicht, dass sich die Frage so stellt. Wir brauchen beides, beide Maßnahmen sind von gleicher Bedeutung. Vordergründig mag die Straße eine gewisse Priorität haben.

Weil sie die Kriegführung weiter im Süden der Halbinsel erleichtert?

Natürlich, das war ja das ausschlaggebende Motiv für den Bau. Wenn wir mittel- oder langfristig ganz Italien unter römische Kontrolle bekommen wollen, müssen wir schnelle Truppenbewegungen ermöglichen – zur Sicherung der schon eroberten Gebiete nicht minder als zum raschen Transport an die Front, wenn es um die Expansion unseres Territoriums geht. Das ist übrigens auch eine volksfreundliche Maßnahme. Je kürzer die Einsatzzeit für unsere Bürgersoldaten, umso dankbarer sind vor allem die Bauern, die das Rückgrat unserer Armee bilden. Wer zum Kriegsdienst eingezogen wird, kann seine Felder nicht bewirtschaften. Diese Abwesenheitszeiten müssen wir verringern.

Der Bau der nach Ihnen benannten Via Appia war also im Wesentlichen eine militärische Maßnahme?

Gleichzeitig eine soziale, wie ich gerade versucht habe zu erläutern. Auch die wirtschaftliche Bedeutung darf man nicht unterschätzen, erst recht, wenn man an die künftige Weiterführung der Trasse denkt. Wir haben jetzt ein Teilstück gebaut, rund 200 Kilometer bis nach Capua. Auf Dauer kann es nicht dabei bleiben.

Sie planen eine Verlängerung?

Das ist, wie gesagt, Zukunftsmusik. Das kann noch ein paar Jahrzehnte dauern. Aber grundsätzlich wird die Via Appia weitergebaut werden müssen. Ich meine, bis nach Brundisium.

Das aber noch gar nicht in römischer Hand ist.

Mit Betonung auf „noch nicht“! Irgendwann einmal werden römische Kaufleute von Brundisium nach Griechenland übersetzen. Die Via Appia wird sich zu einer wichtigen Handelsroute entwickeln, die zum Wohlstand unseres Staates erheblich beitragen wird.

Und damit die enormen Kosten rechtfertigen wird?

Da übernehmen Sie die Alarmposition einiger Gegner, die in ihrer kleinkarierten Beschränktheit das gewaltige Entwicklungspotential nicht erkennen, das sich mit diesem, wenn ich so sagen darf, infrastrukturellen Paukenschlag verbindet. Ja klar, Straßenbau ist teuer, wenn Sie einen wirklich soliden, belastbaren Unterbau und eine ordentliche Straßendecke aus Stein haben wollen, eine echte Straße, die sich nicht nach jedem Landregen in eine Schlammwüste verwandelt. Andererseits haben unsere Straßenbau-Ingenieure ja streckenweise schon auf vorhandene Trassen zurückgegriffen und damit kostenbewusst geplant.

Und die Staatskasse war durch die militärischen Erfolge der letzten Zeit gut gefüllt?

So ist es. Das sind doch keine Investitionen auf Pump, die wir da ins Werk gesetzt haben, sondern solide aus dem Bestand finanzierte Maßnahmen. Wenn da einige über die „Plünderung der Staatskasse" lamentieren, dann ist das eine ausgesprochen zukunftsweisende Plünderung!

Ihr Kollege in der Censur, Lucius Plautius, hat das aber wohl kritischer gesehen. Er ist früher als Sie vom Amt zurückgetreten – wie man hört, auch aus Frust über Ihre „Dominanz" und „Alleingänge".

Ich hatte mit dem Kollegen Lucius Plautius keinen Dissens. Er hat alle wesentlichen Entscheidungen mitgetragen.

Auch das zweite große Bauprojekt, die erste Wasserleitung Roms?

Aber ja! Er war ganz wesentlich daran beteiligt. Was meinen Sie, warum ihm das Cognomen „Venox" verliehen worden ist, der „Aufspürer von *venae,* Wasseradern"? Das zeigt doch, wie stark er gerade bei diesem Wasserbau-Projekt engagiert war. Immer wieder hat er darauf hingewiesen, dass Rom eine vom Tiber unabhängige Wasserversorgung brauche. Die Leute werfen ja allen Dreck in den Fluss, und wenn das jetzt vielleicht noch kein großes Problem ist, wird es mit wachsender Bevölkerung eines werden.

Sie fürchten um die Gesundheit der Bürger Roms?

Ich will hier keine Panik verbreiten. Aber sicher ist, dass der Bau dieser Wasserleitung eine wichtige Investition in die Siedlungshygiene unserer Stadt war. Ich bin auch ziemlich sicher, dass sie nicht die einzige Wasserleitung bleiben wird.

Aber es war eben auch eine teure Maßnahme – und eine, die deutlich weniger sichtbar ist als die Via Appia.

Weil die Leitung größtenteils unterirdisch verläuft – wozu übrigens mein Kollege und die Fachleute dringend geraten haben. Ein bisschen schade ist das schon. Denn damit bleibt ein Meisterwerk unserer Wasserbautechniker sozusagen im Dunkeln: Mit einem Gefälle von nur 0,5 Prozent leiten sie auf einer Strecke von zwölf Kilometern eine Riesenmenge frisches Quellwasser nach Rom: 73 000 Kubikmeter pro Tag! Finden Sie nicht, dass das eine zukunftsweisende Versorgungstechnik ist? Und glauben Sie im Ernst, ein so kluger, weitsichtiger Politiker wie Lucius Plautius hätte sich diesem Projekt in den Weg gestellt?

Dann wundert uns nur, dass er vor Ihnen zurückgetreten ist und Ihnen und Ihrer *gens* damit den Ruhm beider Projekte sozusagen kampflos überlassen hat: Via Appia *und* Aqua Appia! Mehr Nachruhm geht doch kaum!

Da hat Lucius vielleicht etwas vorschnell gehandelt oder die Nerven verloren, als unsere offizielle Amtszeit zu Ende ging. Er hält sich ja gern an Regeln. Am besten, Sie fragen ihn selbst danach. Mir fällt da nur eine Einsicht ein, die ich demnächst zusammen mit anderen eigenen Sentenzen in einem kleinen Sammelband veröffentlichen will.

Und die wäre?

faber est suae quisque fortunae, „jeder ist seines Glückes Schmied".

„Philosophen raus!“
MARCUS PORCIUS CATO, „GLOBALISIERUNGSGEGNER“

M. Porcius Cato (234 bis 149 v. Chr.) war ein einflussreicher, eigenwilliger Politiker. Er ging keinem Streit aus dem Weg. Als Censor des Jahres 184 v. Chr. fiel er durch eine ungewöhnliche Strenge auf, mit der er Fehlverhalten seiner senatorischen Kollegen ahndete. Er selbst war ein homo novus *aus der Provinz, dessen Familie vor ihm noch keinen hohen Beamten gestellt hatte. In seinem (verlorenen) Geschichtswerk* Origines *(„Ursprünge“) betonte Cato den Beitrag anderer italischer Städte zum Aufstieg Roms. Bekannt ist sein kompromissloses Eintreten für die endgültige Zerstörung Karthagos. Mentalitätsgeschichtlich ist Cato eine Gestalt des Übergangs. Er versteht sich als römischen Traditionalisten, der den* mos maiorum, *die „Sitte der Väter“, als ethische Norm vor allem für die Führungsschicht hochhält, ohne sich gänzlich gegenüber den neuen Einflüssen aus dem hellenistischen Raum abzuschotten.*

Vielen Dank, dass Sie uns noch zur Gastmahl-Zeit empfangen, Marcus Porcius. Wie war Ihr Tag?

Sie finden mich in aller Regel zu dieser Zeit zu Hause; insofern inkommodieren Sie mich nicht. Ich besuche Gastmähler nur sehr selten. Erst recht die, bei denen sich die Tische vor sogenannten Leckerbissen aus aller Welt biegen und Musikanten und Tänzerinnen zur Unterhaltung der Gäste auftreten.

Was missfällt Ihnen daran?

Das ist neuartige griechische Lebensart, Raffinesse, Luxus. Die Jünger dieser Mode nennen das „Stil“ und „Genuss“. Ich nenne es unrömische Völlerei und Sittenlosigkeit.

Wir kennen und respektieren Sie als Vertreter alter Römerart. Aber wäre das noch zeitgemäß, wenn alle nach kerniger Sabinerart lebten und sich nichts gönnen würden?

Damit ist Rom groß geworden. Wir müssen aufpassen, dass uns nicht eine Verweichlichungswelle überspült, die alles, was wir uns in Jahrhunderten mit Zähigkeit und Bereitschaft zum Verzicht aufgebaut haben, binnen weniger Jahrzehnte zunichtemacht. Diese neue Leichtigkeit des Seins, die sich immer mehr Römer der Führungsschicht von den Griechen abschauen, kann schnell zu einem bösen Erwachen führen.

Direkt gefragt: Sind Sie asketisch und lustfeindlich?

Unfug. Ich gönne jedem, dass er sich des Lebens freut. Dass er an Feiertagen seine Trinkfestigkeit erprobt. Dass er die Freuden der Venus genießt – noch neulich habe ich einem jungen Mann hier aus dem Viertel meine besten Wünsche zugerufen, ganz unironisch, als ich ihn im Bordell verschwinden sah. Aber das alles muss man doch nicht zu einem kontinuierlichen Lebensstil ausbauen oder zu einer Art Lebensphilosophie aufwerten! Und schon gar nicht als raffinierten Luxus inszenieren. Irgendwie ist das doch sogar peinlich, sich so zum Sklaven griechischer Lebensart zu machen.

Nun sind wir schon sehr ins Grundsätzliche abgeglitten – unserer unvorsichtigen Eingangsbemerkung zur *convivium*-Zeit sei Dank. Eigentlich wollten wir Sie doch nach diesem konkreten Tag fragen. Wie ist er bisher verlaufen?

Ich kann nicht klagen. Ohne in Triumphgeschrei auszubrechen – das wäre höchst unpassend –, räume ich ein, dass ich mit dem politischen Ertrag dieses Tages sehr zufrieden bin. Es war schon ein großer Sieg, den die römische Sache über die unkritischen Griechenfreunde davongetragen hat.

Das klingt reichlich geheimnisvoll, aber auch spannend. Verraten Sie uns, was konkret passiert ist?

Ich weiß nicht recht, ob der Senatsbeschluss schon öffentlich bekannt gegeben ist. Die Sitzung ist ja vorhin erst zu Ende gegangen. Und ich will da nicht vorpreschen.

So kennen wir Sie ja gar nicht! Aber wir geben das, was Sie uns sagen, erst weiter, wenn die offizielle Bestätigung vorliegt. Versprochen!

Na gut. Also: Wir haben heute beschlossen, diese merkwürdige Philosophengesandtschaft rasch in ihre Heimat zurückzuschicken. Die griechische Jugend soll diese intellektuelle Speerspitze ihrer Nation nicht länger entbehren müssen als unbedingt nötig.

Das hört sich eher nach einem diplomatisch verbrämten Rausschmiss an. Und Sie waren vermutlich stark daran beteiligt.

Ich habe den Antrag gestellt, der dann eine Mehrheit erhalten hat. Der Senat ist mir erfreulicherweise gefolgt. Wie gesagt: Warum sollten die Hellenen auf diese geistige Zierde ihrer Nation länger verzichten müssen? In Rom ist alles gesagt.

Dann darf man Ihnen gratulieren, dass Sie diese Gesandtschaft losgeworden sind, ohne dass sie in Ihrem Sinne größeren Schaden hat anrichten können?

Sie können mir dazu gratulieren, dass wir den Schaden durch ein zügiges Ade! einigermaßen haben eingrenzen können. Aber diese Eierköpfe haben schon beträchtliches Unheil angerichtet.

Inwiefern?

Weil dieser arrogante Karneades das römische Publikum – darunter auch viele junge Leute – komplett verwirrt hat. An einem Tag hat er dargelegt, dass eine staatliche Herrschaft auf Gerechtigkeit gegründet sein müsse.

Und am nächsten Tag, lassen Sie uns spekulieren, das genaue Gegenteil „bewiesen"?

Genau so. Und das war natürlich ein nur notdürftig verdeckter Affront gegen uns Römer, gegen unsere Herrschaft. So führt man sich als Gast nicht auf! Die Leute wussten nicht mehr recht, was sie denken sollten. Da muss man sich über „Philosophenraus!"-Rufe nicht wundern!

Waren Sie persönlich anwesend?

Das ist ohne Bedeutung. Jedenfalls wurde nachher sehr glaubhaft dargelegt, dass Karneades mit seinen scheinbar logischen Provokationen viele Römer total verunsichert hat. Die haben sich von dem blenden lassen, was als seine „rhetorische Brillanz" gerühmt wurde.

Geschickte Rhetorik zielt darauf ab, die Zuhörer auf ihre Seite zu ziehen. Das ist ja nichts Verwerfliches. Und Sie selbst verstehen sich vorzüglich darauf – und publizieren Ihre Reden als erster Römer überhaupt. Sind Sie da griechisch „infiziert"?

Es geht hier nicht um mich, es geht um die tendenziell zersetzenden Reden, die dieser Wirrkopf geschwungen hat. Das ist eine ganz üble Form von Kulturimperialismus, die unter dem Deckmantel einer *parrhesía*, „Redefreiheit", agiert, auf die die Griechlein mächtig stolz sind.

Die aber in Rom nicht so gern gesehen oder vielmehr gehört wird?

Ach, wissen Sie, es ist doch so: Entweder Sie halten die römische Herrschaft für gerecht, und dann sagen Sie das so. Oder Sie halten sie für ungerecht, dann können Sie das meinetwegen auch so sagen. Was aber nicht in Ordnung ist, das ist dieser Relativismus nach dem Motto „Beweisen lässt sich alles". Diese Art intellektueller Spielerei ist unrömisch. Das hilft niemandem – und verunsichert vor allem unsere Jugend.

Sie fürchten, dass junge Leute sich von derartigem – aus Ihrer Sicht – „Wortgeklingel" verführen lassen könnten. Und vielleicht andere „Wahrheiten" in Frage stellen könnten?

Ich fürchte, dass manch einer sich mit dem griechischen „Alles muss auf den Prüfstand"-Virus infiziert. Das wäre sehr bedauerlich. Man sieht ja, wohin die Griechen damit gekommen sind.

Wohin denn?

In die politisch-militärische Abhängigkeit von anderen Nationen, jetzt von uns.

Aber geistig befruchten sie doch alle ihre Nachbarn – und nicht nur die. Sondern auch die Römer.

Gewiss, man kann einiges von ihnen lernen. Sie haben eine großartige Literatur, sie verstehen sich auf viele Künste und Wissenschaften. Aber sie sind Theoretiker, keine Praktiker wie wir Römer. Sie reden klug, aber sie versagen, wenn es ums Handeln geht. Ums Handeln und ums Kämpfen. Die ganze Intellektualität bringt zu wenig für den Staat, für den Zusammenhalt der Bürgerschaft. Nehmen Sie den hoch gerühmten Sokrates. Für mich war das ein Schwätzer und Aufrührer, der seine Mitbürger völlig verunsichert hat. Hätte er mal lieber seinen Geist in den Dienst seiner Vaterstadt Athen gestellt! Dann wäre ihm auch der Schierlingsbecher erspart geblieben.

Wir hören aber trotz dieser kritischen Worte heraus, dass Sie sich mit den Griechen, ihrer Literatur, ihrer Kultur und Geschichte durchaus befasst haben.

Ich weiß, dass ich in gewissen Kreisen als Reaktionär abgestempelt werde, als dumpfer, fremdenfeindlicher Ignorant, der die Griechen mit blindem, geradezu geistlosem Hass verfolgt. Der nicht mal der griechischen Sprache mächtig sei, sich aber über griechische Literatur ein Urteil erlaube. Das ist natürlich absolut dummes Zeug.

Das heißt: Sie können Griechisch?

Seit meinem 30. Lebensjahr. Und ich habe mehr griechische Werke im Original gelesen – vor allem historische Werke und Fachbücher über Landwirtschaft und Militärwesen – als so mancher, der in Hellas-Begeisterung geradezu zerfließt. Was mir auf den Geist geht, ist diese schwärmerische Graekomanie, diese modisch-sklavische Imitation des griechischen Lebensstils und der damit einhergehende meist unüberlegte Verrat an unserer römischen Tradition. Schrecklich, diese aufdringlichen Griechen-Imitatoren!

Um noch einmal deutlich nachzufragen: Auch Sie lesen griechische Literatur?

Selbstverständlich. Und wenn Sie mein Geschichtswerk *Origines* zur Hand nehmen sollten, dann müsste Ihnen eben das auffallen. Was ich schreibe und wie ich es schreibe, ist nicht unbeeinflusst von griechischen Historikern. Meinem Sohn habe ich, was griechische Literatur angeht, beigebracht: *inspicere, non perdiscere*, „hineinschauen, aber nicht nachbeten". Eine gute Richtschnur, finde ich.

Klingt vernünftig, wenn uns das Urteil erlaubt ist.

Es *ist* vernünftig. Zum einen ist ja gar nicht zu bestreiten, dass uns die Griechen geistig eine Menge voraushaben. Auf der anderen Seite müssen wir uns aber gemäß unserer Mentalität und unseren Traditionen damit auseinandersetzen – und dürfen nicht alles gleich toll finden, nur weil es aus Hellas kommt.

Man kann also von den Griechen lernen, sagt Cato?

Man muss es sogar. Aber nicht unkritisch, nicht ohne Skepsis und auch gehöriges Misstrauen. Die Lust griechischer Intellektueller, alles in Frage zu stellen, auch das seit Jahrhunderten bewährte gute Alte, regt mich, ehrlich gesagt, auf. Noch mehr aber unsere Landsleute, die sich als Super-Griechen aufspielen und ohne Dolmetscher mit griechischen Offiziellen verkehren. Das ist doch auch taktisch unklug, die Distanz zu Repräsentanten eines von Rom unterworfenen Volkes aufzugeben. Aber ich denke, Sie verstehen, warum ich dieses Etikett „Griechenhasser", das mir ständig angeheftet wird, für reichlich dämlich halte.

Sie sollen aber sehr, sehr dezidiert gegen griechische Ärzte Stellung bezogen haben.

Ich bin überzeugt, dass die traditionelle römische Hausvatermedizin der sogenannten wissenschaftlichen Griechenmedizin haushoch überlegen ist!

Sie meinen wirklich, der Hausvater sei der bessere Arzt?

Wenn er die Heilpflanzen kennt und die magischen Formeln beherrscht, unbedingt.

Das hört sich, verzeihen Sie, mehr nach Gesundbeterei und reichlich verstocktem Traditionalismus an.

Dann sind Sie diesen griechischen Quacksalbern offenbar auch schon auf den Leim gegangen. Geschickt sind sie ja darin, die Leute auf ihre Seite zu ziehen.

Heilerfolge sind keine Taktik.

Wenn es denn solche gibt. Das Geschickte ist, dass sie für ihre Scharlatanerie auch noch Geld nehmen. Das erhöht das Vertrauen in ihr Können und verkleistert ihre wahre Absicht.

Und die wäre?

Alle Barbaren mithilfe ihrer Medizin umzubringen. Besonders uns Römer – als Rache dafür, dass wir sie unterworfen haben.

Aber sie „unterwerfen" uns doch schon, wenn man es so ausdrücken will und Ihnen zuhört, durch ihre überlegene Kultur. Oder beeinflussen zumindest viele Angehörige der höheren Stände und die Jugend ziemlich stark. Warum sollten ihre Ärzte uns da noch den physischen Garaus machen?

Das kann ich Ihnen auch nicht sagen. Vielleicht hat das etwas mit dem zu tun, was ihre Philosophen „Dialektik" nennen.

„Ich-Stärke ist mein Erziehungsziel"
CORNELIA, ALLEINERZIEHENDE MUTTER

Die historische Tradition ist sich einig, dass Cornelia (2. Jahrhundert v. Chr.) eine für ihre Zeit außergewöhnlich selbstbewusste und gebildete Frau gewesen ist. In späterer Zeit wurde sie von vielen einseitig als Gracchorum mater *wahrgenommen. Wie sie zu den sozialreformerischen Plänen ihrer Söhne Tiberius und Gaius Gracchus stand, die beide in innenpolitischen Wirren den Tod fanden, lässt sich nicht ermitteln. Spätere Gegner wie Befürworter haben sich nach Kräften bemüht, Cornelia für ihre jeweilige Position zu vereinnahmen. Seit augusteischer Zeit wird auch das zunehmende Bemühen deutlich, Cornelia zu einem* exemplum *des altrömischen Frauenideals zu stilisieren. Das dürfte ihr sicher nicht gerecht werden. Wir verlegen unser Interview in das Jahr 147 v. Chr. Tiberius Gracchus war damals sechzehn Jahre alt, sein Bruder Gaius sieben Jahre. Seit dem Tode ihres Mannes im Jahre 153 v. Chr. war Cornelia alleinerziehende Mutter. Von den zwölf Kindern, die sie zur Welt brachte, überlebten nur drei das Kindesalter.*

Wir danken Ihnen, dass Sie jetzt am späten Abend Zeit für ein Gespräch mit uns gefunden haben, Cornelia. Wie war Ihr Tag?

Gut. Es hat keine Katastrophen gegeben, alles ist ziemlich routiniert vonstattengegangen. Alle Kinder sind im Bett. Endlich.

Wie viele sind es, die tagsüber ihre Mutter fordern?

Leider nur noch fünf. Es waren einmal mehr als doppelt so viele. Zwölf Kinder – das war nicht einfach, aber ich hätte keines freiwillig hergegeben.

Aber die Natur hat Sie dazu gezwungen?

Ja, sieben sind gestorben. Eine trotz der üblichen Kindersterblichkeit bedrückende Zahl. Jedes Mal ein Unglück für die Mutter, auch wenn sich der Tod bei einigen Kindern im Voraus angekündigt hat.

Dass auch andere diese Erfahrung machen, hilft, vermuten wir, wenig.

Statistik ist eine Sache des Verstandes, nicht des Herzens. Aber es ist eine große Aufgabe, für die anderen Kinder da zu sein. Bei fünfen gibt es genug zu besorgen und zu tun. Man muss nach vorn schauen.

Sie können sich auf Hauspersonal, Kindermädchen und Pädagogen stützen.

Das stimmt. Und ich bin sehr dankbar dafür, dass mir die Mittel einer der bedeutendsten Aristokratenfamilien Roms fast unbeschränkt zur Verfügung stehen. Materiell haben wir keine Sorgen. Aber der Vater fehlt an allen Ecken und Enden, auch wenn er zu Lebzeiten viel Zeit für die Allgemeinheit und wenig für seine Familie aufgewendet hat.

Seit seinem frühen Tode sind Sie auf sich allein gestellt.

Ich habe, wie gesagt, Hauspersonal und ich kann mich jederzeit an die Familie wenden. Da habe ich viel Hilfsbereitschaft und Solidarität erfahren.

Aber die Erziehung Ihrer Kinder wollen Sie, wenn wir Sie recht verstehen, nicht aus der Hand geben.

So ist es. Die Verantwortung kann und will ich nicht abgeben – zumal ich da sehr genaue Vorstellungen habe. Ich möchte möglichst viel von dem an meine Kinder weitergeben, was ich selbst mitbekommen habe.

Was heißt das konkret?

Ich bin in eine der berühmtesten Familien Roms hineingeboren worden. Mein Vater ist Scipio Africanus, der Hannibal-Bezwinger. Die Scipionen sind für ihre Weltläufigkeit und Aufgeschlossenheit gegenüber neuen kulturellen Einflüssen bekannt. Rom wird sich dem überlegenen hellenischen Geist stärker öffnen müssen – das war meinen Eltern klar. Und entsprechend weitsichtig haben sie meine Ausbildung und Erziehung angelegt.

Sie hatten gute Lehrer?

O ja – wobei es ja selbst in aristokratischen Kreisen noch alles andere als selbstverständlich ist, Mädchen mehr als nur notdürftig Lesen und Schreiben beibringen zu lassen. Ich dagegen hatte einen eigenen *grammaticus*, der mir literarische Bildung vermittelt hat. Das war nicht immer vergnüglich, aber sehr förderlich. Ich durfte sogar in rhetorischen und philosophischen Unterricht Einblick nehmen. Dafür bin ich meinen Eltern unendlich dankbar.

Beifall geklatscht haben vermutlich die wenigsten dieser neuartigen Bildung für Mädchen.

Das kann man wohl sagen. Im Gegenteil. Da gab es viele Nachfragen, auch viele Animositäten. „Neu“ ist ja bei uns in Rom nicht gerade eine Empfehlung. Und griechische Bildung, und sei sie noch so oberflächlich, ebenfalls nicht. Ich weiß, dass mein Vater von manchen Standesgenossen sehr – na, sagen wir: erstaunt auf diese „neue Mode" angesprochen worden ist. Zum Glück hat er sich da nicht irritieren lassen.

Beschäftigen Sie sich auch heute noch mit Literatur?

Soweit es meine Zeit erlaubt, ja. Ich schreibe auch selbst, nichts Großartiges, nichts mit literarischem Anspruch. Und ich fördere aufstrebende Wissenschaftler und Literaten. Mein Haus steht Gelehrten und Weisheitslehrern offen.

Ist es nicht ungewöhnlich, dass Sie als Witwe ein so gastfreundliches Haus führen?

Ich denke schon. Aber sowohl die Scipiones als auch die Sempronii, zu denen ich durch meine Heirat gehöre, sind für solche Offenheit bekannt. Ich setze hier eine Tradition beider Adelshäuser fort. Das Ungewöhnliche ist, dass ich das als Frau tue. Mag sein, dass das nicht jedem passt.

Sind auch griechische Intellektuelle ab und zu bei Ihnen zu Gast?

Selbstverständlich. Sie sind herzlich willkommen. Ich bin über jeden Besucher froh, von dem ich viel lernen kann. Klar, griechische Intellektuelle können manchmal etwas anstrengend sein, sie provozieren auch schon mal mit ungewöhnlichen Thesen. Aber ich empfinde das als anregend. Ehrlich gesagt: Meine Gastfreundschaft ist nicht ganz selbstlos. Auch meine älteren Kinder profitieren von solchen Besuchern – einfach durch die Atmosphäre, die diese Gäste ausstrahlen.

Mutter vieler Kinder, Engagement in der Kindererziehung, Verzicht auf Wiederheirat – viele sehen in Ihnen geradezu ein Musterexemplar der römischen Matrone. Entspricht das Ihrem Selbstverständnis?

Was Sie genannt haben, sind wichtige Aspekte. Ja, ich will für meine Kinder da sein. Zu diesem traditionellen Rollenbild stehe ich. Aber ich möchte mich nicht darauf reduzieren lassen. Ich meine doch, dass ich mit meiner Ausbildung, meinen kulturellen Interessen und der Art, wie ich mein Haus führe, ein paar wichtige Akzente setze.

Stimmt eigentlich die Anekdote, dass Sie einer schmuckbehängten arroganten Dame auf deren Frage, wo denn *Ihr* Schmuck sei, geantwortet hätten, indem Sie einfach nur auf Ihre Kinder zeigten?

So leid es mir für die rührigen Vertreter und Propagandisten „guter alter Römerart" tut – ich kann das nicht bestätigen. Sie finden ähnliche Anekdoten für den griechischen Raum schon bei griechischen Historikern. Das ist der ziemlich durchsichtige Versuch, mich ideologisch zu vereinnahmen. Da spiele ich nicht mit.

Obwohl Sie zur Creme des römischen Hochadels zählen?

Gerade *weil* wir dazu gehören. Ich meine, wir sollten uns an der Realität orientieren. Zu der gehört, dass wir Griechenland zwar de facto beherrschen, aber geistig ein Entwicklungsland sind, das gut daran tut, sich zu öffnen und sich auch mit anderen Lebensstilen auseinanderzusetzen – ohne unsere römische Tradition einfach so über Bord zu werfen. Ich will keinen Bruch mit unserer Vergangenheit, sondern einen vernünftigen Übergang in die Zukunft. Manches scheint mir verkrustet und überholt, das sage ich ganz offen.

Wie bereiten Sie Ihre Kinder auf die Zukunft vor?

Vor allem dadurch, dass ich Ihnen eine gute Bildung zuteilwerden lasse und sie intellektuell fordere.

Auch mit Hilfe griechischer Lehrer, wie man hört?

Natürlich. Die haben ja eine Menge zu bieten! Gerade die Philosophen, aber auch die Rhetoren. Wenn man sieht, wie wichtig das Reden im öffentlichen Raum auch hier in Rom ist und künftig sein wird, ist es absolut notwendig, diese Fähigkeit – Sie können sie auch modisch „Kompetenz" nennen – unbedingt zu fördern. Ich freue mich, für die Ausbildung meines Ältesten Diophanes von Mytilene engagiert zu haben, einen der renommiertesten griechischen Redner unserer Zeit. Und ich werde das auch meinen anderen Kindern ermöglichen.

Auch den Mädchen?

Vielleicht nicht so intensiv wie den Jungen, weil Mädchen ja in der Öffentlichkeit im wahrsten Sinne des Wortes nichts zu sagen haben. Aber auch sie sollen nach Möglichkeit das lernen, was meine Eltern mir ermöglicht haben und was ich als wichtigstes Ziel von Erziehung ansehe.

Und das wäre?

Ich-Stärke. Selbstbewusstsein, gepaart mit Verantwortungsgefühl für die Gemeinschaft. Wer in die *gens Sempronia* geboren wird, muss sich selbstverständlich für das Gemeinwesen einsetzen. Das hat eine lange Tradition. Aber mit offenen Augen, mit Blick auf die Zukunft, ohne die Scheuklappen aristokratischer Verbiestertheit oder gar Arroganz. Davon gibt es in Rom, finde ich, genug.

Haben Sie den Eindruck, dass dieser Erziehungsstil bei Ihren Kindern ankommt?

Die meisten sind ja noch recht klein. Aber ja, im Rahmen dessen, was sich da jetzt schon beobachten lässt, glaube ich, dass sie zu ebenso selbstbestimmten wie verantwortungsvollen Persönlichkeiten heranreifen werden.

An Ihrem Ältesten, Tiberius Gracchus, müsste das ja am ehesten „abzulesen" sein.

Ein prächtiger junger Mann! Er wird demnächst seine ersten militärischen Sporen verdienen, voraussichtlich in Afrika, bei der Belagerung Karthagos. Was ich an ihm schätze, sind seine Offenheit und sein ausgeprägter Sinn für Gerechtigkeit. Ein bisschen Sorge macht mir ein gewisses Ungestüm, eine Entschlossenheit, die wenig Kompromissbereitschaft zeigt, wenn er sich einmal für eine Haltung oder einen Standpunkt entschieden hat.

Ist das nicht normal in seinem Alter?

Sie haben recht; er ist 16, da kann man keine Abgeklärtheit erwarten. Das gäbe ja bei einem so jungen Burschen auch eher zur Sorge Anlass als jugendliches Ungestüm. Obwohl es da in den sogenannten besten Kreisen auch andere Beispiele gibt ... Tiberius will sich in ein paar Jahren, erzählt er mir, vor allem sozialpolitisch engagieren – eine Initiative zugunsten der Kleinbauern und Besitzlosen, wenn ich ihn richtig verstehe. Aber vorher wird er sich erst einmal beim Militär bewähren müssen.

Passt es zusammen, wenn ein Spross aus der Hocharistokratie sich für bessere Lebensbedingungen von Kleinbauern stark macht?

Warum denn nicht? Wir Adligen haben die Pflicht, auch die Interessen der kleinen Leute im Auge zu haben. Das ist Teil unserer Daseinsberechtigung – finde jedenfalls ich und erziehe meine Kinder in diesem Geiste. Nur so können wir das Vertrauen rechtfertigen und stabilisieren, das auch die einfachen Leute in die Führungskraft der Elite setzen.

Sie stellen sich demnach hinter die sozialpolitischen Anliegen, die Ihr Sohn Tiberius verfolgt?

Ich habe ganz allgemein gesprochen. Welche konkreten Projekte Tiberius plant, das weiß keiner, nicht einmal er selbst, denke ich. Wichtig ist nur, dass er mit offenen Augen durch die Welt geht und dort, wo er Reformbedarf sieht, verantwortungsvoll dafür eintritt, die Situation zu verbessern. So habe ich ihn erzogen, so ist er von seinen Lehrern erzogen worden.

Das Credo einer alleinerziehenden Mutter.

Das Credo einer vorausdenkenden, fürsorglichen Mutter und einer römischen Patriotin. Wir brauchen, finde ich, weniger Klischees und mehr

Offenheit und Mut zu Reformen in einer Gesellschaft, die im Wandel begriffen ist. Ich hoffe, dass meine Kinder das begreifen und ihren Teil dazu beitragen, dass Rom weiter stark und mächtig ist.

Wir wünschen Ihnen, verehrte Cornelia, viel Glück und Erfolg auf Ihrem weiteren Lebensweg. Ihnen und Ihren Kindern.

„Der Auster gehört die Zukunft!"
GAIUS SERGIUS ORATA, LUXUS-UNTERNEHMER

C. Sergius Orata war ein Zeitgenosse Ciceros. Im ersten Jahrzehnt des 1. Jahrhunderts v. Chr. trat er in Kampanien im Umkreis des Nobel-Badeortes Baiae als Unternehmer in Erscheinung, der von dem zunehmenden Wohlstand der Oberschicht zu profitieren verstand. Zum einen kaufte er Häuser in dieser beliebten Feriengegend, sanierte sie und verkaufte sie als Luxusimmobilien mit hohem Gewinn.
Zum anderen gilt er als Vater der Austernzucht am Lukriner See. Von Moralisten wurde er als Förderer und Fürsprecher luxuriöser Lebensführung stark angefeindet.

Sie machen einen sehr zufriedenen Eindruck, Gaius Sergius. Da fragen wir sie umso lieber: Wie war Ihr Tag?

Sie haben recht. Es war ein guter Tag, ein beruflich ausgesprochen erfolgreicher, der vorhin mit dem nicht unerfreulichen Abschluss eines Immobiliengeschäfts geendet hat.

Sie haben wieder einmal eine Villa verkauft? Und das zu einem guten Preis – für den Verkäufer?

Auf die erste Frage heißt die Antwort „ja". Die zweite würde ich etwas differenzierter beantworten: Es war für *beide* Seiten ein guter Abschluss, für den Käufer *und* den Verkäufer.

Was selten vorkommt in der Immobilienbranche – jedenfalls von der Wahrnehmung der beiden Seiten aus gesehen.

Mag sein, aber wir agieren in einem anderen Segment des Immobilienmarktes. Bei Komfort- und Luxusimmobilien schaut der Käufer auf Qualität, der will in der Regel nicht schachern, sondern etwas Werthaltiges, Vorzeigbares haben. Die Leistung muss stimmen, dann stimmt auch der Preis.

Sie haben sich auf das spezialisiert, was man Luxussanierung nennen könnte?

Genau. Ich kaufe Gutshäuser und Villen in landschaftlich bevorzugter Lage hier im wunderschönen Kampanien – möglichst nahe der Küste – auf und lasse sie vor dem Wiederverkauf baulich, technisch und ästhetisch auf Vordermann bringen – mit edlen Materialien, die immer stärker nachgefragt werden. Ohne Marmor geht in dieser Preisklasse kaum noch etwas. Bei vielen Objekten konzipieren wir auch die Gärten oder Parks neu – großzügiger, mit weiten Blickachsen, in einer hübschen Mischung aus Natur und Kunst, sodass sie gemeinsam mit der Villa zu einem urbanen Leuchtturm in rustikalem Ambiente werden. Statuen, Säulen, Springbrunnen im Park – das ist ein ganz starker Trend der letzten Jahre. Wir arbeiten mit mehreren Importeuren griechischer Originalplastiken zusammen.

Als eigentliche Revolution in der Villenarchitektur gilt aber der Einbau von „schwebenden Böden". Will sagen: einer Unterbodenheizung. Sie haben dieses System erfunden?

Zu viel der Ehre! Nein, ich bin nicht der Erfinder der Hypokausten-Heizung; die gibt es im Osten des Imperiums schon lange. *Der* Ruhm gebührt griechischen Ingenieuren. Richtig ist aber, dass wir diese großartige Idee übernommen haben und die „schwebenden Böden" in alle unsere Sanierungsobjekte einbauen – nicht unter jeden Raum, aber unter die wichtigsten Zimmer. Und natürlich in die Bäder.

Was gerade bei bestehenden Häusern aufwendig ist?

Ja, klar, das ist technisch anspruchsvoll und eben auch nicht billig. Aber es bietet unglaubliche Vorteile. Mit den alten Kohlebecken im Raum überhaupt kein Vergleich! Wohlige, von unten aufsteigende Wärme, keine Geruchsbelästigung, keine Gefahr durch offenes Feuer. Das ist wirklich ein Quantensprung in Sachen Wohnkomfort. Unsere Kunden sind begeistert.

Das klingt auch ganz überzeugend. Aber ist das nicht ein ziemlich träges Heizungssystem, das lange Vorlaufzeiten braucht?

So lange nun auch wieder nicht. Aber im Prinzip stimmt das schon. Nur – wofür gibt es Sklaven? Bevor der Eigentümer aus Rom anreist, setzt er seine Bediensteten vor Ort über Laufboten in Kenntnis. Und wenn er selbst ankommt, sind die Räume wohlig geheizt. Erst recht das Bad – endlich kann man das Baden im eigenen Haus so richtig genießen, zumal nach den Strapazen der Reise.

Und die Badeanstalten in Baiae und anderen Kurorten, die von heißen Quellen gespeist werden, werden überflüssig?

Ach was. Erstens gibt's noch genug Leute, die den Heizungskomfort nicht haben. Und zweitens können Sie die therapeutische Wirkung des natürlichen Thermalwassers durch nichts ersetzen. Die Menschen werden weiterhin in die Heilbäder hier in Kampanien und anderswo kommen – und am zusätzlichen Villenluxus auch in Sachen Heizung und geheizter Privatbäder ihren Spaß haben.

„Spaß" sagen Sie, und Sie sprechen auch ganz offen von „Luxus". Sie wissen, dass das nicht überall auf Begeisterung stößt?

Und ob ich das weiß! Glauben Sie nicht, dass ich von den Anfeindungen der Luxus-Kritiker verschont bleibe! Für die bin ich oft genug geradezu die Zielscheibe. Selbst bei Gastmählern im Bekanntenkreis bekomme ich so einiges zu hören. Gut, die Leute bleiben höflich, aber in *dem* Rahmen lässt manch einer durchblicken, was er von mir hält.

Nämlich was?

Dass ich eine Art *servus luxuriae* sei, ein „Sklave des Luxus". Dass ich den *mos maiorum*, die Sitte der Väter, mit Füßen träte. Dass sich die alten Recken Roms im Grabe umdrehten, wenn sie an ihre verzärtelten Nachfahren dächten. Dass ein echter Römer eher nach Schweiß und langer Bade-Abstinenz rieche als nach täglichem Reinigungsbad und Salben mit exotischen Parfums. Und dass Rom auf diese Weise dem moralischen und, wer weiß, auch dem physischen Untergang entgegentaumle. All dieser ideologische Ballast, der nach 650 Jahren römischer Erfolgsgeschichte nun wirklich nicht mehr in die Zeit passt – abenteuerlich-anachronistischer Nostalgie-Kram.

Während *Sie* sich – fast programmatisch, scheint es mitunter – offen zur *luxuria* bekennen.

Sagen wir lieber „Lebensgenuss". *luxuria* – das ist so ein Kampfbegriff, ein Reizwort, das mit Degenerierung oder Dekadenz konnotiert wird. Die wortgewaltigen „Prediger" gegen die *luxuria* kapieren *eines* nicht: dass auch das ein relativer Begriff ist; dass das, was man vor 200 Jahren voller Empörung als unangemessene Üppigkeit verdammen konnte, heutzutage in der Oberschicht fast die Normalität des Lebensstils beschreibt. Wir sind die Herren der Welt, wir sind nicht nur mächtig, sondern auch reich geworden. Wir schwimmen im Geld – und das sollen wir alles nach alter Väter Sitte auf die hohe Kante legen, statt es zu einem genussvollen Leben zu nutzen? Da müssen wir fein aufpassen, dass die hohe Kante nicht unter der Last der auf sie gepackten Gelder eines Tages zusammenbricht!

Das ist ein klares Bekenntnis – und eine Kampfansage an altrömische Moralvorstellungen.

Das ist, mit Verlaub, großer Unsinn. Der *mos maiorum* ist ein wertvoller ethischer Orientierungsrahmen, aber wir müssen aufpassen, ihn nicht zu statisch zu definieren. Er müsste gewissermaßen dynamisiert, an die heutigen Verhältnisse angepasst und entsprechend weit interpretiert werden. Was übrigens die allermeisten de facto schon lange tun. Nur zuzugeben traut sich das kaum einer.

Warum nicht?

Weil man sich dem Geschrei der Gralshüter des *mos maiorum* nicht aussetzen will, weil man sich Unterstellungen, Beleidigungen und offene Feindseligkeiten ersparen will.

Während Sie klar dagegenhalten. Sorgen Sie sich nicht um Ihren guten Ruf?

Der ist ohnehin ruiniert, jedenfalls bei den *mosmaiorum*-Hardlinern. Und als Geschäftsmann müssen Sie sich schon entscheiden: Mit dem, was die ideologisch Altvorderen *luxuria* nennen, Geschäfte machen und gleichzeitig in die Nostalgierufe nach dem alten – und kalten! – Rom mit einstimmen, das geht nicht. Da werden Sie unglaubwürdig. Und, nebenbei bemerkt, meine Kunden finden es gar nicht so schlecht, wenn bekennende Luxus-Jünger wie ich die Aggressionen der moralischen Bedenkenträger auf sich ziehen. Das bringt sie selbst ein bisschen aus der Schusslinie.

Auch wenn sie zu den *piscinarii* gehören?

Ja, ja, das entwickelt sich allmählich zum Schimpfwort: „Fischteichbesitzer"! Leute aus der Führungsschicht, die sich um ihre fischigen Lieblinge mehr sorgen als um die Politik!

Ist das wirklich nur Polemik? Und nicht auch Ausdruck berechtigter Sorge, dass ein Rückzug vieler Oberschicht-Angehöriger ins Privatleben ein Alarmsignal für die politische Stabilität Roms ist?

Ich bitte Sie! Die meisten dieser sogenannten *piscinarii* gehen doch nur im Urlaub einem wunderbaren Hobby nach. Die halten sich hier im kampanischen „Wonnekessel" für ein paar Wochen, manche vielleicht für ein paar Monate auf. Die übrige Zeit des Jahres residieren sie in Rom und kümmern sich natürlich um die Staatsgeschäfte. Aber es ist eben auch der Urlaub als solcher, der den Moralisten suspekt ist. *otium*, Muße, Ausspannen – griechisches Teufelszeug in den Augen unserer kernigen „Altrömer". Obwohl es ja so etwas Harmloses wie die Fischzucht als Freizeit-Liebhaberei kein zweites Mal gibt. Oder sollen sich die Leute lieber um ihre Mätressen als um ihre Muränen kümmern?

***Die* Alternative stammt von Ihnen. – Sie bieten bei Ihren Luxus-Sanierungen auch den Einbau von *piscinae*, Fischbecken, an?**

Ja, aber nur im verbindlichen Auftrag eines festen Käufers. Als Teil eines normalen Sanierungspakets wäre das zu riskant. Wir sprechen da unter Umständen von Investitionen in Millionenhöhe, wenn Sie etwas Ordentliches haben wollen – eine *piscina*, die über Kanäle mit frischem Meerwasser verbunden ist, sodass Sie Salzwasserfische im eigenen Zuchtbecken angeln können, auch wenn über der See ein Orkan tost und kein Fischer hinauszufahren wagt. Aber so etwas will nicht jeder – möglicherweise *noch* nicht.

Sie werden Mittel und Wege finden, die Nachfrage anzukurbeln.
Ich hoffe es.

Fürchten Sie keine Konkurrenz für Ihre eigene, wie man hört, sehr lukrative Austernzucht im Lukriner See, wenn Privatleute zunehmend Fischzucht betreiben und vielleicht ähnlich wie Sie künstliche Austernbänke anlegen?
Überhaupt nicht. Zum einen müssen Sie sehr viel Geld in solch ein Projekt stecken, bevor es rentabel ist. Das lohnt schlicht nicht in kleinem, privatem Maßstab. Da kaufen Sie lieber auf dem Markt oder direkt von der Austernfarm. Zum zweiten: Der Bedarf an Delikatessen steigt bei der zahlungskräftigen Klientel enorm, die Gegend hier um Baiae entwickelt sich zum Ferien-Dorado der reichen Römer. Was meinen Sie, wie diese beiden Trends – Edelfresswelle und der Lockruf des Nobelbads Baiae – den Absatz an Austern in die Höhe schießen lassen werden? Zumal Austern bekanntlich nicht nur gut schmecken.

Sondern?
Auch sehr gesund und bekömmlich sind und manches mehr ...

Wie sind Sie auf die Idee gekommen, künstliche Austernbänke im Brackwasser des Lukriner Sees anzulegen?
Einfach weil die Austern aus dieser Region nach Meinung der Feinschmecker die besten sind, die Nachfrage groß und der Preis erfreulich hoch ist. Bei *der* Kombination kommt ein Unternehmer schon mal auf eine lukrative Geschäftsidee.

Sie bestätigen also unseren Eindruck, dass Ihre *ostriaria*, „Austernzuchtbecken", ein Riesenerfolg sind?
Sagen wir: ein Erfolg. Es wird jetzt wichtig sein, die Marke „Austern aus dem Lukriner See" langfristig als Qualitätsbegriff zu etablieren. Austern lassen sich im Übrigen in geeigneten Behältnissen auch mehrere Tage lang über Land transportieren. Ich sehe da gute Entwicklungsmöglichkeiten für die Ausweitung des Handels und damit auch der Zucht.

Glauben Sie mir: Die Auster ist im Kommen! Ihr gehört die Zukunft. Erst recht der aus lukrinischer Produktion.

Wir wünschen Ihnen viel Erfolg beim Markenauf- und -ausbau. Zum Schluss noch eine ganz andere Frage: Ist ihr Cognomen ‚Orata" alias Aurata, „Goldforelle", eigentlich ererbt? Oder ein Spitzname für einen rührigen Fischzucht-Lobbyisten? Oder gar ein selbst erfundener cleverer Marketing-Gag?

Sie glauben gar nicht, wie oft ich das gefragt werde. Aber ich finde: Ein kleines Geheimnis darf auch und gerade der behalten, der als prominenter Unternehmer in der Öffentlichkeit und als bekennender *luxuriosus* in der Kritik steht. Aber ich bin gern bereit, ein anderes Geheimnis zu lüften, wenn Sie mögen.

Nur zu, wir sind gespannt.

Tippen Sie mal auf meine Lieblingsspeise.

Austern?

Genau. Und zwar, von kühlem Weißwein begleitet, im behaglichen Ambiente eines fußbodengeheizten Speisezimmers geschlürft – so genießt man sie am besten.

Vielleicht stimmt's ja sogar. Zumindest finanziell dürfte das für einen „Goldfisch" wie Sie kein Problem sein. Wir wünschen guten Appetit.

„Sie jagen uns wie wilde Tiere"
SPARTACUS, SKLAVENFÜHRER

Spartacus (ca. 105 bis 71 v. Chr.) war der Anführer des gefährlichsten Sklavenaufstandes in der römischen Geschichte. Er versetzte von 73 bis 71 v. Chr. ganz Italien in Schrecken. Die Zahl der Aufständischen dürfte zeitweise bei einigen Zehntausend gelegen haben. Die Sklaven schlugen mehrere römische Heere. Unser fiktives Interview findet direkt nach der Schlacht von Mutina (Modena) im Jahre 72 v. Chr. statt. Damals hätte den Aufständischen der Weg über die Alpen offen gestanden. Im Jahre 71 v. Chr. wurde der Aufstand schließlich niedergeschlagen; Spartacus selbst fiel in der entscheidenden Schlacht. 6000 zunächst überlebende Aufständische wurden entlang der Via Appia gekreuzigt. Dass Spartacus aus Thrakien stammte, ist einigermaßen sicher. Wie er als Gladiator nach Capua kam, lässt sich dagegen ebenso wenig rekonstruieren wie sein Geburtsjahr.

Wir stehen vor dem Sieger von Mutina. Wie war Ihr Tag, Spartacus?

Er ist noch nicht vorbei. Wir werden gleich wieder in Beratungen einsteigen. Im Grunde war der gesamte Tag mit intensiven Gesprächen gefüllt, kaum Zeit zum Durchatmen. Und so richtig erfreulich war nichts.

Das erstaunt uns aber sehr. Sie haben vor wenigen Tagen einen unerwarteten Sieg über den Statthalter der Provinz Gallia Cisalpina errungen und ein Heer von mehr als 10 000 Römern besiegt. Das muss bei Ihnen und Ihren Leuten doch größten Jubel ausgelöst haben.

So unerwartet war der Sieg nicht. Sie wissen, dass wir die römischen Truppen schon in mehreren Gefechten niedergerungen haben. Was mich nicht wundert. Denn mittlerweile sind wir mehrere Zehntausend Aufständische, verfügen über hervorragende Waffen – und eine Motivationskraft, der der Feind nichts Ebenbürtiges entgegenzusetzen hat. Wer hätte das gedacht, als wir vor einigen Monaten mit ein paar Dutzend Gladiatoren aus unserer Kaserne in Capua ausgebrochen sind und nur mit Knüppeln, Messern, Beilen und Bratspießen bewaffnet waren! Unglaublich, wie wir die Römer mittlerweile das Fürchten gelehrt haben!

Zu Anfang sind Sie verhöhnt und verspottet worden.

Sie haben uns gejagt wie wilde Tiere, haben uns nicht ernst genommen. Ein paar aufsässige Arena-Kämpfer, mit denen werden wir schnell fertig und ergötzen uns dann daran, wie sie sich im Amphitheater zur Strafe gegenseitig abschlachten – haben sie gedacht. Ein fataler Irrtum.

Stattdessen haben Sie, von ersten Erfolgen beflügelt, immer mehr Aufständische angelockt. Was sind das für Leute, die sich da unter Ihrem Kommando zusammengefunden haben?

Hauptsächlich Sklaven, Hirten- und Ackerbausklaven. Menschen, die von den Großgrundbesitzern teilweise wie Vieh behandelt worden sind, die mit Brandzeichen markiert, nachts in Fesseln gelegt oder einfach mit den Herden losgeschickt worden sind, ohne Nahrung, ohne Kleidung. Viele Kriegsgefangene, die die Freiheit noch gekannt haben und sich nicht damit abfinden wollen, den Rest ihres Lebens unter unwürdigsten Bedingungen zu verbringen. Die haben nichts zu verlieren.

Die Kerntruppe aber waren Gladiatoren?

Ja, auf Dauer wären wir alle in der Arena auf der Strecke geblieben. Da darf man sich nichts vormachen. Und da gab es dann einen unbeaufsichtigten Augenblick und wir sind raus.

Ein spontaner Ausbruch?

Sie träumen lange von so einem Moment. Und wenn er dann da ist, müssen Sie zugreifen. Da gibt es kein langes Überlegen. Insofern war die Aktion spontan, aber mental dadurch vorbereitet, dass wir Tag und Nacht Ausschau gehalten haben, wie wir da rauskommen könnten.

Haben sich auch Freie Ihrem Aufstand angeschlossen?

Sie werden verstehen, dass ich dazu keine genauen Angaben machen möchte. Sagen wir so: Es könnten mehr sein, wenn man sieht, wie dreckig es vielen Kleinbauern geht. Aber wir haben ja ständig Zulauf.

Was ist mit den Sklaven und der Plebs in den Städten?

Dazu möchte ich im Augenblick nichts sagen. Außer dass wir jeden mit offenen Armen aufnehmen, der sich uns anschließt.

Im Kampf für die Gerechtigkeit?

Im Kampf für die Freiheit.

Dafür brauchen freie Bürger nicht zu kämpfen, auch wenn es ihnen wirtschaftlich schlecht geht. Frei sind sie!

Ich wiederhole: Uns ist jeder willkommen, der sich unserem erfolgreichen Kampf anschließt.

Als Sklaven haben Sie und Ihre Mitkämpfer erfahren, was Sklaverei bedeuten kann, wie sie Menschen demütigt und leiden lässt. Ein wesentliches Ziel Ihrer Rebellion ist vermutlich auch, die Sklaverei abzuschaffen.

Was meinen Sie genau?

Sklaverei als gesellschaftliche Institution zu ächten, weil sie gegen das Naturrecht verstößt.

Sklaverei hat es immer gegeben. Natürlich ist es wünschenswert, dass Sklaven ordentlich behandelt werden. Unser Aufstand ist doch erfolgreich, weil so viele Kameraden so gelitten haben. Aber deshalb muss man nicht die Sache als solche abschaffen.

Einen Menschen zu versklaven – das ist also in Ihren Augen kein Unrecht?

Das weiß ich nicht. Da müssen Sie Philosophen befragen, die verstehen mehr davon und haben mehr Zeit, darüber nachzudenken. Aber soweit ich weiß, vertreten manche sogar die Auffassung, dass es eine natürliche Sache sei, dass Menschen anderen Menschen dienen. Ich weiß nur, dass es immer so war und dass ich nicht Sklave sein will. Ich will frei sein, und meine Kameraden wollen auch frei sein. Dafür kämpfen wir.

Sie hätten kein Problem damit, eigene Sklaven zu haben?

Warum sollte ich? Das ist doch nur gerecht, wenn wir jetzt mal den Spieß umdrehen und die knechten, die uns vorher geknechtet haben. Meinen Sie nicht?

Das werden Sie so aber kaum auf die Gladiatoren übertragen wollen.

Und ob! Das war für viele von uns ein befriedigendes Schauspiel, als wir am Grab meines Mitanführers Krixos vor einigen Monaten 300 kriegsgefangene Römer als Gladiatoren haben antreten lassen. Und eine große Ehre für Krixos! Meine Kameraden haben mich zu der Idee beglückwünscht.

Und Sie hatten kein Mitleid mit denen, die Sie da in Ihre ehemalige Rolle gedrängt haben?

Mitleid? Warum sollte ich? Das war doch ausgleichende Gerechtigkeit. Fortuna hat ihre Gunst verlagert. So geht es im Leben zu. Was meinen Sie, wie viele von denen, die wir da an Krixos' Grab haben antreten lassen, vorher als Zuschauer in der Arena von Capua gesessen und uns genüsslich zugeschaut haben! Haben die sich damals Gedanken gemacht, wie es uns ergeht? Hat einer von denen Mitleid empfunden?

Vermutlich nicht.

Na, sehen Sie. Aber ausgerechnet von uns erwarten Sie Milde und Mitleid? Jetzt sind wir oben, und das ist gut so.

Wenn sich das alles so gut entwickelt, woher dann Ihre ziemlich mutlose Stimmung zu Anfang des Gesprächs? Ihr Tag sei wenig erfreulich verlaufen, sagten Sie uns.

Wir haben in der Tat ein Problem, und das nicht erst seit heute oder gestern. Wir sind uns nicht einig. Und wir verbeißen uns immer mehr in giftige Diskussionen darüber, wie es weitergehen soll.

Was schwebt Ihnen persönlich denn vor? *Sie* haben doch bestimmt eine klare Perspektive.

Ich plädiere schon lange dafür, Italien zu verlassen und in den Ländern nördlich der Alpen einen Neuanfang zu machen. Da kann jeder von uns ein neues Leben beginnen. Hier in Italien haben wir dazu keine Chance.

Weil die Römer nicht eher ruhen werden, als bis sie den letzten Aufständischen erwischt und ans Kreuz geschlagen haben?

Genauso ist es. Wir siegen und siegen, aber wir kämpfen letztlich gegen eine gewaltige Übermacht. Rom hat noch etliche Ressourcen, und die wird es gegen uns aufbieten.

Wäre ein Kompromiss denkbar: Sie verzichten auf alle weiteren aggressiven Unternehmungen und die Verwüstung ganzer Landstriche? Und die Gegenseite sagt allen Aufständischen Freiheit und Straflosigkeit zu?

An uns würde ein solches Abkommen nicht scheitern, aber die Gegenseite wird sich dazu nicht bereitfinden. Nie und nimmer. Die sind bis aufs Blut gereizt, die wollen uns vernichten – zumal nach dem Gesichtsverlust, den sie durch ihre Niederlagen erlitten haben.

Aber Ihr Auswanderungsplan stößt auf keine Gegenliebe?

Meine thrakischen Landsleute wären sofort bereit dazu. Die Germanen sind in der Frage gespalten. Aber die Griechen, die Kleinasiaten und die anderen aus dem Osten wollen das partout nicht. Und sie sind in der Mehrheit.

Sie könnten sich teilen, die Thraker ziehen weiter in Richtung Norden. Nach der Schlacht von Mutina werden sie dabei ja nicht mehr auf Widerstand stoßen. Die Alpen sind sozusagen offen. Und die anderen bleiben halt hier in Italien.

Auch dafür gibt es keine Mehrheit. Wir wollen zusammenbleiben. Denn immer wenn sich ein Teil abgespalten hat, war das sein Verderben. Krixos und seine Anhänger haben genau das mit dem Leben bezahlt.

Sie stehen aber weiterhin mit allen Gruppen in Verhandlungen?

Unbedingt. Und es ist auch nicht so, dass meine Autorität grundsätzlich beschädigt wäre. Eine überwältigende Mehrheit will mich als Anführer. Nur mit dem Auswanderungsplan stoße ich bei zu vielen auf taube Ohren. Das meinte ich mit „unerfreulich".

Hat das vielleicht auch und gerade mit Ihren Triumphen zu tun, die Sie gefeiert haben? Sind Ihre Leute übermütig geworden?

Ich fürchte, das trifft auf einen Teil zu. Sie erkennen nicht die Ausweglosigkeit unserer Situation in Italien. Und viele haben sich an das unstete Leben gewöhnt – das ist allemal besser als in Ketten zu liegen, finden sie. Die sind nicht unzufrieden mit diesem Vagabundenleben.

Obwohl Sie ja materielle Anreize wie den persönlichen Besitz von Gold, Silber und Luxuswaren untersagt haben sollen.

Nicht nur „sollen"! Das habe ich! Nur so lassen sich die notwendige Disziplin und Solidarität in der Truppe aufrechterhalten. Ein behagliches Wohlleben wäre unser Untergang. Wir sind im Krieg!

Wenn Sie sich mit Ihrem Auswanderungsplan nicht durchsetzen können – welche Alternative bleibt Ihnen?

In der Hochstimmung des Augenblicks drängen nicht wenige Redner darauf, kehrtzumachen und direkt auf Rom zu marschieren. Ich halte das für äußerst riskant.

Sogar Hannibal ist letztlich davor zurückgeschreckt.

So ist es. Aber das ist einer Mehrheit meiner Kameraden im Moment nicht zu vermitteln. Vielleicht kommen sie noch zur Vernunft. Eines jedenfalls ist sicher: Aufgeben werden wir nicht! Wir werden unsere Freiheit nicht wieder gegen Sklaverei eintauschen.

Oder sogar gegen den Tod. Mit rebellierenden Sklaven machen die Römer kurzen Prozess.

Vielleicht steht am Ende unseres Kampfes der Tod. Aber es wird einer sein, der uns als freie Menschen sieht!

„Asterix? Kenne ich nicht!“
GAIUS IULIUS CAESAR, EROBERER GALLIENS

C. Iulius Caesar (100 bis 44 v. Chr.) entstammte einer bedeutenden Adelsfamilie. Aus seiner Außenseiter-Stellung machte Caesar keinen Hehl. Er schlug die übliche Ämterlaufbahn ein. Der vorläufige Höhepunkt war das Consulat im Jahre 59 v. Chr. Es war von zahlreichen Rechtsbrüchen überschattet. Das anschließende Kommando in Gallien ermöglichte es ihm, von einem der am stärksten verschuldeten Römer zu einem der reichsten Männer Roms aufzusteigen. Mit Pompejus schloss er für einige Jahre ein politisches Zweckbündnis. Als das in die Brüche ging, kam es Anfang 49 v. Chr. zum Bürgerkrieg. Caesar siegte und rief sich zum Dictator auf Lebenszeit aus. Mit etlichen Entscheidungen machte er deutlich, dass er sich über dem Gesetz wähnte und keine Neigung hatte, auf die alte senatorische Führungsschicht Rücksicht zu nehmen. Eine Verschwörung von Senatoren setzte seinem Leben an den Iden des März 44 v. Chr. ein Ende. Unser Interview ist im Herbst des Jahres 51 v. Chr. angesiedelt.

Schön, dass Sie sich, obwohl erkennbar stark eingespannt, für uns Zeit nehmen, Gaius Iulius. Wie war Ihr Tag, Caesar?

Noch vor einer Stunde hätte ich Ihnen geantwortet: In jeder Hinsicht intensiv, sehr arbeitsaufwendig mit einer Reihe von Gerichtsverhandlungen, aber auch sehr, sehr erfreulich.

Bleiben wir zunächst beim Erfreulichen. Was lässt Sie da geradezu ins Schwärmen geraten?

Dieser überwältigende Empfang hier und in allen anderen Städten meiner Provinz Cisalpina durch die gesamte Bevölkerung. Wo immer ich mich in der Öffentlichkeit zeige, jubeln mir die Menschen zu. Menschen aus allen Schichten der Bevölkerung. Sie lassen mich geradezu auf einer Woge der Zuneigung und Anerkennung schwimmen.

Was einem Iulius Caesar besonders gefällt, weil Selbst- und Fremdwahrnehmung so harmonisch im Einklang miteinander stehen?

Ich höre den leicht spöttischen Ton heraus, aber ich bestätige Ihnen Ihre Wahrnehmung trotzdem ausdrücklich. Ja, es gefällt mir, dass die Menschen dieser meiner Provinz mir so zugetan sind. In unserer Gemeinschaft hat ja die *existimatio* des Einzelnen durch die anderen, das Image, könnte man sagen, einen erheblichen Einfluss auf die *dignitas*, seine Würde und Rangstellung in der Gesellschaft, und auch seine Selbsteinschätzung. Ich bekenne, dass mir das nicht egal ist. Und ich kenne auch niemanden, dem das egal wäre. Manche Leute geben es nur nicht zu.

Der Eindruck Ihrer Tüchtigkeit ist ja ein allgemeiner. Was aber bringt die Leute aktuell dazu, Ihren Statthalter so herzlich zu begrüßen und mit offenen Armen zu empfangen?

Gallia est omnis pacata! Ganz Gallien ist befriedet! Ich habe das Römische Imperium zusammen mit meinen Legionären um ein beachtliches neues Territorium erweitert, vom Atlantischen Ozean bis zum Rhein, ein Gebiet mit über 500 befestigten Plätzen und rund 400 verschiedenen Stämmen. Ein lange Zeit über durchaus unruhiges Gebiet, von dem mancherlei Gefahren auf die schon länger ins Imperium eingegliederten gallischen Provinzen ausgegangen sind. Damit ist jetzt Schluss. Ganz Gallien steht unter römischer Kontrolle – sodass ich jetzt meinen Unterfeldherren das Kommando über die Winterlager übergeben und zur Rechtsprechung in die Cisalpina reisen konnte.

Wirklich ganz Gallien? Man munkelt, es gebe da noch ein unbesiegtes Widerstandsnest unter der Führung eines gewissen Asterix.

Asterix? Kenne ich nicht. Da müssen Sie aber mit der Lupe suchen, um so einen Ort ausfindig zu machen! Nein, im Ernst: Alle Widerstandsbastionen sind geschleift. Der Senat hat mir die Ehre einer 20-tägigen *supplicatio* erwiesen, des längsten Dankbarkeitsfestes, das je einem römischen Feldherrn zugestanden worden ist. Damit habe ich übrigens meinen eigenen Rekord von vor ein paar Jahren selbst übertroffen. Damals im zweiten Kriegsjahr waren es 15 Tage *supplicatio*, womit ich an Pompejus als dem bis dahin größten Feldherrn – er hatte es auf eine *supplicatio* von zwölf Tagen gebracht – vorbeigezogen bin. Aber ich will damit nicht renommieren. Wichtig ist, dass dieser schwere Krieg ein glückliches Ende gefunden hat und das aufrührerische Gebiet endlich unter römischer Herrschaft ist.

Am Ende hätte es fast noch eine böse Überraschung gegeben. Der Aufstand der Gallier unter Führung des Vercingetorix war ja ein herber Rückschlag für Ihre Expansionspolitik.

Es war ein Aufbäumen, wie es für solche freiheitsliebenden barbarischen Völker nicht untypisch ist, wenn sie ihre Freiheit verloren, aber die Vorzüge der römischen Zivilisation noch nicht kennen gelernt haben. Es bedurfte in der Tat großer Anstrengungen, um diese Rebellion niederzuschlagen, aber am Ende haben unsere Legionen unter meinem

Kommando die Oberhand behalten. Das war zu erwarten. „Rückschlag" ist mir deshalb zu negativ angesichts unserer militärischen Erfolgsgeschichte der letzten Jahre in Gallien. Auch „Expansionspolitik" ist, finde ich eine unglückliche Ausdrucksweise von Ihnen. Das klingt ein bisschen danach, als hätten wir es darauf angelegt, Gallien zu erobern, und übersieht, dass uns dieser Krieg aufgezwungen worden ist. Oder sind Sie am Ende ein Sympathisant dieses verbiesterten Cato?

Der zweimal im Senat den Antrag gestellt hat, Sie den Feinden auszuliefern, um den Zorn der Götter vom römischen Volk abzuwenden, den sein Feldherr Caesar heraufbeschworen habe.

Ja, ja, weil ich angeblich kein *bellum iustum* geführt hätte, keinen „gerechten Krieg", sondern die Feinde ohne völkerrechtlich akzeptable Gründe angegriffen haben soll. Wir haben im Kreise der Offiziere herzlich darüber gelacht, als diese Meldung seinerzeit im Lager eintraf. Der Mann ist, verzeihen Sie, ein Spinner, nicht von dieser Welt. Der will mich fertigmachen, aber er betreibt dabei eine solche Art von Folklore-Politik, dass er sich weithin zum Gespött macht. Wissen Sie, was Cicero mal über den gesagt hat (und der steht ihm deutlich näher als ich!)? Cato agiere politisch so, als ob er in Platons Idealstaat lebe – und nicht im Schweinestall des Romulus. Das bringt es auf den Punkt – auch wenn Rom für mich persönlich nicht der „Schweinestall des Romulus" ist.

Der Krieg war für das jetzt unterworfene Land eine furchtbare Katastrophe. Sie selbst gehen davon aus, dass in den acht Kriegsjahren mehr als eine Million Menschen ums Leben gekommen und mindestens eine weitere Million versklavt worden ist. Das Land ist auf weiten Strecken verwüstet und liegt wirtschaftlich am Boden. War es das wert?

Das müssen Sie, bitteschön, die Gallier fragen. Es waren gallische Stämme, die uns angegriffen, es waren gallische Stämme, die uns gegen die Germanen zu Hilfe gerufen haben. Wo gehobelt wird, da fallen Späne. Krieg ohne Opfer – das gibt es nicht. Und wenn Sie zehn römische Legionen, Hilfstruppen, Pferde, Trage- und Zugtiere und den Tross durchbringen wollen, dann müssen Sie an die Ressourcen des Landes heran. Wissen Sie, was unsere Armee in Gallien an einem einzigen Tag benötigt? 90 Tonnen Weizen und 35 Tonnen Gerste als Grundnahrungsmittel plus Gemüse, Früchte, Fleisch, Fisch, Wein usw. All das bleibt nicht ohne Auswirkungen auf das Land und die Versorgung seiner Bewohner. Ich mache kein Geheimnis daraus, dass ein nicht geringer Teil der Zivilbevölkerung schlicht verhungert ist, weil ihnen die Militärapparate beider Seiten nichts mehr übrig gelassen haben. Das ist Krieg. Und wir müssen den Göttern danken, dass unsere italische Heimat diese Not nicht mehr kennt. Sie hat sie zum letzten Mal vor 150 Jahren erlitten, als Hannibal viele florierende Landstriche verwüstet hat.

Sie sagen selbst, dass sich die Gallier mit einigem Erfolg lange gegen die Besetzung ihres Landes durch die Römer zur Wehr gesetzt haben. Wie erklären Sie die Überlegenheit und den Sieg der Römer am Ende?

Es ist unbestritten, dass unsere Soldaten exzellent ausgebildet sind, dass wir über eine überlegene Waffentechnik verfügen und dass römische Heere in offener Feldschlacht unbesiegbar sind. Allerdings sind die geographischen Verhältnisse in Gallien vielfach problematisch und die Barbaren stellen sich häufig nicht zur offenen Schlacht. Die greifen gern aus dem Hinterhalt an und nutzen ihre bessere Ortskenntnis. Da können Sie mit noch so vielen *exploratores* gegenhalten und Erkundigungen einziehen, den, wenn ich so sagen darf, geographischen Heimvorteil der Gegenseite können Sie nie ganz ausschalten. Das müssen Sie durch andere Faktoren wettmachen beziehungsweise überbieten.

Als da wären?

Disziplin, Disziplin, Disziplin. Ordnung, Gehorsam, Leistungsbereitschaft, Schnelligkeit, Effizienz, technische Überlegenheit, Organisation, Planung, Logistik. *Das* sind römische Tugenden.

Die im Wesentlichen alle mit Rationalität zu tun haben.

Im Wesentlichen ja, wobei Disziplin, Gehorsam und Leistungsbereitschaft auch von der inneren Einstellung abhängen.

Die Barbaren sind aufgrund ihrer Sprunghaftigkeit, Spontaneität und Emotionalität unterlegen und werden deshalb von Rom zu Recht beherrscht?

Wer die Herausforderung sucht, muss mit dem Ausgang des Abenteuers zurechtkommen. Wer sich mit Rom anlegt, muss am Ende Roms Spielregeln akzeptieren. *Die* Erfahrung haben schon andere gemacht. Und die Gallier werden nicht die Letzten sein, die sie machen. Allerdings hört sich das dramatischer an, als es ist.

Was ist gut daran, seine Freiheit einzubüßen und, wie Vercingetorix es in seiner Brandrede formuliert hat, ewige Knechtschaft zu ertragen?

Lassen Sie mal die zugespitzte Propaganda-Rhetorik dieses Agitators aus dem Spiel. Der musste so tönen, um seine Gallier aufzuhetzen. Tatsache ist doch, dass auch dieses jetzt unterworfene Gallien demnächst von den Segnungen unserer Zivilisation profitieren wird. Sie werden

Theater und Thermen, eine öffentliche Verwaltung, ein überlegenes Rechtssystem und sicheren Schutz durch römische Truppen bekommen – und preiswerter an Wein kommen als je zuvor.

Blühende Landschaften?

Gefällt mir als Zukunftsprojektion für Gallien: ja, blühende Landschaften.

Welchen Anteil am Kriegserfolg gegen die Gallier würden Sie eigentlich der Leistung des verantwortlichen Feldherrn zurechnen?

Ich glaube, das sollten andere beurteilen. Das haben allerdings, Stichwort *supplicationes,* andere schon getan, mindestens indirekt. Im Übrigen gilt: Wenn Gehorsam römischer Soldaten ein zentraler Baustein militärischen Erfolges ist, dann müssen die zugrunde liegenden Befehle des Feldherrn stimmen.

Wir fragen noch einmal direkt nach: Ist Caesar ein großer Feldherr, Caesar?

Ich tappe nicht in die Falle, die Sie da aufstellen. Fragen Sie den römischen Senat, warum er Rekord-Dankfeste beschließt, fragen Sie die Götter, warum sie die römischen Waffen in Gallien haben siegen lassen, fragen Sie die Menschen, die mir hier zujubeln. Aber fragen Sie nicht mich. Ich bin befangen.

Was halten Sie davon, wenn wir einen befragen, der ganze Bücher über den Gallischen Krieg geschrieben hat? Der müsste doch ein fundiertes Urteil haben.

Kommt darauf an. Nicht jeder Historiker versteht so viel von militärischen Dingen – nicht mal bei uns in Rom.

Wir denken auch nicht an einen Historiker, sondern einen ausgewiesenen Militärexperten.

Jetzt wird mir klar, worauf sie hinauswollen. Sie sprechen von den *commentarii de bello Gallico,* die ich vor Kurzem herausgegeben habe. Aber worin soll da die größere Unbefangenheit liegen, als wenn ich Ihnen zum Thema „großer Feldherr" jetzt direkt antworte?

Weil da doch, was uns überrascht hat, in der dritten Person von Caesar berichtet wird. Das Ich erscheint dort nirgends, höchstens mal ein Wir, wenn die römische Leserschaft emotional mitgenommen werden soll.

Ein Punkt für Sie! Ja, es kam mir schon darauf an, eine deutliche Distanz zwischen dem Erzähler Caesar und dem Feldherrn Caesar herzustellen. Das Ganze ist ja ein Bericht. Zudem scheint mir die erste Person nicht recht zu passen.

Ein Kunstgriff, der zugleich den Eindruck größerer Objektivität der Darstellung vermittelt? Scheinbarer Objektivität jedenfalls?

Wenn Sie das jetzt literaturwissenschaftlich analysieren wollen, mag das ja so sein. Aber ich glaube nicht, dass das für die Leser des Berichts eine Rolle spielt.

Aber die Wirkung wird ja trotzdem erzielt. Oder gerade deswegen. Wer sind eigentlich die Adressaten Ihrer *commentarii*?

Die römische Öffentlichkeit. Im Wesentlichen natürlich die, die sich für Politik und Zeitgeschehen interessieren. Und die Entscheidungsträger.

Die Senatoren?

Sicher. Aber ich möchte das nicht so einschränken. Jeder, der lesen kann und sich dafür interessiert, kann sich auf diese Weise über die Geschehnisse in Gallien informieren. Wobei es darin nicht nur um die militärischen Operationen geht.

Sondern?

Es werden die diplomatischen Aktivitäten ausführlich dargestellt, die Bemühungen des Feldherrn, den Krieg zu verhindern, seine Überlegungen, die hinter den Aktionen stehen; aber es werden auch Land und Leute beschrieben, die Sitten der Gallier und Germanen, die Geographie, das Klima und dergleichen mehr – Hintergrundinformationen eben, die dem Leser ein fundiertes Urteil erlauben.

Wozu dienen die *commentarii*?

Wie gesagt, zur Information der römischen Öffentlichkeit, zu ihrer Meinungsbildung. Man kann auch sagen: Der Feldherr erstattet Volk und Senat, seinen Auftraggebern, Bericht. Darauf haben die, die ihn auf seine verantwortungsvolle Position berufen haben, einen Anspruch.

Es ist also keine Rechtfertigungs- und Bewerbungsschrift des Politikers Caesar, der demnächst in hohe Staatsämter wiedergewählt werden will?

„Rechtfertigen" muss ich mich, glaube ich, für nichts. Das klingt mir viel zu defensiv. Ich räume gern ein, dass meine *commentarii* auch ein Stück Öffentlichkeitsarbeit im Rahmen meiner politischen Zukunftsplanung sind. Das liegt nahe, denn ich habe ja in Rom, wie Sie wissen, nicht nur Anhänger und Freunde. Deshalb ist es wichtig, das, man geleistet hat, seinen Gegnern, vor allem aber den „Neutralen" aufzuzeigen. Eine Form der Transparenz, die, wenn Sie mich fragen, auch anderen gut anstünde.

„Anderen" heißt Pompejus?

„Anderen" heißt anderen. Sie werden mich nicht zu einem kritischen Wort gegenüber meinem Schwiegersohn und engen politischen Verbündeten provozieren.

Man hört aber, dass sich umgekehrt Pompejus in Rom nicht mehr ganz so vorbehaltlos zu Ihnen bekennt.

Hört man das? Ich höre nichts dergleichen. Ich höre allerdings – und deswegen ist meine Stimmung nach einem so wunderbaren Tag kurz vor unserem Gespräch etwas umgekippt –, dass meine Gegner in Rom mächtig wühlen. Sie haben am 29. September, habe ich vorhin von einem Eilboten erfahren, einen Senatsbeschluss herbeigeführt, dass in einem halben Jahr über mein gallisches Kommando neu entschieden werden solle. Ein illegaler Beschluss, gegen den die mit mir befreundeten Volkstribunen sofort eingeschritten sind!

Aber doch ein Alarmzeichen, das auf Ihre Stimmung drückt?

Überlegen Sie mal: Was stellen die sich eigentlich vor, einen der erfolgreichsten Feldherren der römischen Geschichte einfach absägen zu wollen! Ihn mit unwürdigen Prozessen zu überziehen, bevor ihn die Immunität eines neuen Amtes schützt! Ihm seine *dignitas* streitig zu machen! Das könnte denen so passen, einen Gaius Iulius Caesar nach all seinen großen Taten vor ein schäbiges Gericht zu stellen und ihn wegen irgendwelcher lächerlicher Gesetzesübertretungen aburteilen zu lassen!

Sie werden sich das nicht gefallen lassen, hören wir heraus? Sie werden kämpfen – auch wenn das einen Bürgerkrieg auslöst?

Ja, der Sieger über Gallien wird kämpfen! Er wird sich nicht durch eine kleinkarierte senatorische Laienspielschar aufhalten lassen. Aber er wird auch alles tun, um die Eskalation, erst recht einen Bürgerkrieg zu vermeiden. In Rom kriegt man eine Menge mit Geld geregelt, auch politische Entscheidungen.

Dazu braucht es aber viele, viele Millionen.

Keine Sorge! Nacht acht Jahren Krieg ist Caesar schuldenfrei. Und nicht nur das. Er verfügt über genügend Mittel, um den römischen Kapitalmarkt erzittern zu lassen.

Karriere-Geld, das letztlich die Gallier bezahlt haben.

Dem siegreichen Feldherrn steht ein angemessener Teil an der Kriegsbeute zu. Ich bedanke mich für das interessante Gespräch.

„Ich träume von einer Marmorstadt"
AUGUSTUS, BEGRÜNDER DES RÖMISCHEN KAISERREICHES

Octavian (63 v. bis 14 n. Chr.), der Adoptivsohn Caesars, begründete nach blutigen Bürgerkriegen das römische Kaiserreich. Er regierte von 27 v. bis 14 n. Chr. Er führte den Ehrennamen „Augustus", „der Erhabene". Aus Rücksicht auf die entmachtete Senatsaristokratie bezeichnete er sich als princeps, *„ersten Bürger", de facto aber war er Alleinherrscher. Zur Werbung für die neue Staatsform nutzte Augustus alle medialen Möglichkeiten. Man hat zutreffend von einer „Organisierung der öffentlichen Meinung" gesprochen oder von einer geschickten „PR-Strategie". Eine ausgedehnte Baupolitik war Teil dieser Werbung im Dienste der Herrschaftsstabilisierung. Sie veränderte das Antlitz der Ewigen Stadt radikal – und prägte es zu erheblichen Teilen bis heute.*

Es ist heute der 1. August, der erste Tag „Ihres" Monats, Princeps, wenn wir so sagen dürfen, im Jahre 752 *ab urbe condita.* Ein ganz besonderer Tag für Sie. Wie war er?

Sie haben recht. Das ist wirklich ein ganz außergewöhnlicher Tag, einer der schönsten in meinem Leben. Heute habe ich den Tempel eingeweiht, den ich vor 40 Jahren gelobt habe.

Einen Tempel des Mars Ultor, des rächenden Kriegsgottes. Der einzige Mars-Tempel innerhalb des Pomerium, der sakralen Stadtgrenze. Welche Gefühle bewegen Sie?

Freude und Genugtuung, aber auch Dankbarkeit und ein bisschen Stolz. Ich meine, dass der Kriegsgott, der Vater unseres Gründerkönigs Romulus, ein sehr würdiges Zuhause hier im Herzen Roms gefunden hat. Er wird sich in diesem prachtvollen Heiligtum wohlfühlen und weiterhin seine schützende Hand über sein Volk halten.

Warum Mars Ultor? Warum ein Monument für den *rächenden* Gott?

Weil ich – und nicht nur ich, sondern unser ganzes Volk – ihm die gelungene Rache an den heimtückischen Mördern meines Vaters Caesar zu verdanken habe. In der Schlacht von Philippi habe ich meinem ermordeten Vater Genugtuung verschafft. Brutus und seine Mitverschwörer haben damals, Mars sei Dank, ihren Frevel mit dem Leben bezahlt.

Der Tempel ist ein Denkmal Ihrer persönlichen Abrechnung mit den Mördern Ihres Vaters?

Nein, so kann man das nicht sagen. Schon der Begriff „Abrechnung“ ist ganz unpassend. Gewiss, es war Ausdruck meiner *pietas* als Sohn, die Schuldigen am Tod meines Vaters zur Rechenschaft zu ziehen. Aber das geschah doch auch gleichsam im Auftrag der Bürgerschaft, der mein Vater damals als Dictator auf Lebenszeit vorstand. Es war ein Anschlag auf den Staat, den die feigen Attentäter verübten – sodass Mars in diesem neuen Tempel auch als Rächer des römischen Staates verehrt wird. Und als Stammvater, der uns gemeinsam mit den anderen Göttern zu Herren der Welt gemacht hat. Rom – das ist eine historische Erfolgsgeschichte; und Mars ist auch über seinen Beistand gegen die Caesar-Mörder hinaus der Garant dafür.

Der Tempel steht ja nicht allein, er ist der zentrale Bau eines neuen Forums, das Ihren Namen trägt. Zwei wunderbare Säulenhallen begrenzen den Platz und geleiten den Besucher gewissermaßen zum Heiligtum. Eine Idee Ihres Architekten?

Die Gesamtkonzeption solcher groß angelegten architektonisch-künstlerischen Projekte, mit denen wir auch das Stadtbild Roms verschönern wollen, besprechen wir im Team. Damals, als wir über diesen Platz diskutierten, war noch Maecenas dabei, außerdem externe Berater wie Vitruv, auf dessen Rat ich viel gebe. Angesichts dieser gemeinsamen Planungsarbeit kann man hinterher kaum noch rekonstruieren, wer welche Idee eingebracht hat.

Sodass Sie vermutlich auch nicht mehr nachvollziehen können, wie es zum Schmuck der Portiken mit Statuen berühmter Römer gekommen ist?

Doch, das war von Anfang an ein zentraler Gedanke: die Botschaft, dass die ganz Großen, die römische Geschichte geschrieben haben, dem Besucher dieses Forums gewissermaßen das Geleit geben. Der Gott, flankiert von seinen menschlichen Werkzeugen, mit denen er die historische Mission Roms vollbracht hat – das sollte deutlich zum Ausdruck kommen. Wobei der Begriff „Werkzeug“ die persönliche Leistung all dieser *summi viri* keineswegs schmälern soll. Ich selbst fühle mich ja nicht anders; auch ich würde mich in eine Werkzeug-Galerie dieser Art einordnen.

Täuschen wir uns oder sind in den beiden Statuengalerien auch einst unversöhnliche Gegner in friedlicher Koexistenz nebeneinandergestellt? Oder hat da am Ende der Baumeister eine künstlerisch überzeugende, aber historisch wenig sensible Anordnung vorgenommen? Marius und Sulla in unmittelbarer Nachbarschaft freundlich vereint – hat da einer den Geschichtsunterricht geschwänzt?

Keineswegs. Was Ihnen im Moment als Ungereimtheit erscheint, hat bei ein bisschen Nachdenken seinen guten Sinn – und spiegelt die Konzeption, die wir uns vorgestellt haben. Sicher, es hat in der langen Geschichte Roms manche persönliche Rivalität und Animosität zwischen einzelnen *summi viri* gegeben. Ehrgeiz ist ja nichts Verwerfliches. Aber bei aller persönlichen Konkurrenz haben doch letztlich alle diese hervorragenden Männer das Gemeinwohl im Auge gehabt, haben sie Rom, jeder auf seine Weise, gefördert und groß gemacht, waren sie alle, um das Bild von vorhin noch einmal aufzugreifen, Werkzeuge der Götter und des Schicksals. Sie alle haben ihren Beitrag zur Erfolgsgeschichte Roms geleistet. Dieser Ort soll nicht das Trennende, sondern das Verbindende dokumentieren. Das Forum Augusti ist, wenn Sie so wollen, Ausdruck tiefer Dankbarkeit unserer Bürgerschaft gegenüber Mars und seinen bedeutendsten Söhnen.

Ein bisschen weichgespült kommt uns die Geschichte damit schon vor. Sie selbst treten nicht nur als Stifter des Tempels in der Architrav-Inschrift in Erscheinung, sondern auch in der Mitte des Platzes auf einem Viergespann als „Vater des Vaterlandes". Ist die römische Geschichte mit Ihnen und durch Sie auf ihrem Höhepunkt angelangt?

Ich möchte die Deutung meiner Person und Leistung anderen überlassen. Jeder Besucher des Forums soll sich sein eigenes Urteil bilden. An dieser Stelle will ich nur noch einmal betonen, wie dankbar ich dafür bin, dass mir der Senat vor einem halben Jahr diesen überaus ehrenvollen Titel eines *pater patriae* verliehen hat. Ich werde mich nach Kräften bemühen, der Verpflichtung gerecht zu werden, die sich damit verbindet.

Fürchten Sie angesichts des üppigen Marmorschmucks, der das gesamte neue Forum prägt, nicht den Vorwurf der Verschwendung?

Ich habe noch keine kritische Stimme in dieser Richtung gehört. Was mich überhaupt nicht wundert, denn *luxuria* im öffentlichen Raum liebt das römische Volk – nicht nur bei den Spielen, sondern auch bei Repräsentationsbauten, zumal wenn sie den Göttern zugutekommt.

Wir sehen, dass viel lunensischer (Carrara-)Marmor verarbeitet worden ist, wir sehen aber auch bunte Marmorsorten aus allen Teilen der römischen Welt. Dahinter steht eine sehr aufwendige Logistik. Hätte man sich diese Kosten nicht sparen können?

Im Gegenteil. Wir wissen das von anderen öffentlichen Bauprojekten. Fragen Sie doch einfach mal die Leute! Die sind stolz darauf, dass sich ihr Reich in ihrer Hauptstadt so anschaulich und prächtig darstellt! All dieser Marmor, der hier verarbeitet worden ist, ist im Grunde Eigentum des römischen Volkes. Aber was haben Sie von einem Eigentum, das Sie nicht sehen und nicht nutzen können? Hier können Sie es, hier sehen die Leute, was es bedeutet, römischer Bürger zu sein. Das ist ein Stück Teilhabe an der Macht.

Eine Demonstration und Repräsentation von Macht, die auch für den *princeps* als ersten Bürger des Staates, wie Sie sich gern sehen, wirbt?

Gewiss. Das will ich gar nicht leugnen. Repräsentative Baupolitik ist ein Spiegel nicht nur von Macht, sondern auch von Wohlfahrt und Stabilität. Wenn die Römer das mit dem Mann zusammenbringen, den sie zum Vater des Vaterlandes ernannt haben und der sich als *patronus plebis,* „Sachwalter der einfachen Menschen", versteht, dann habe ich nichts dagegen. Das ist die beste Motivation für mich weiterzumachen, auch wenn es manchmal schwerfällt. Ich bin nicht mehr der Jüngste, wie Sie wissen.

Dieses Forum ist ja Teil einer umfassenden architektonischen Revolution, mit der Sie Rom seit zweieinhalb Jahrzehnten überziehen. Manch einer spricht schon leicht ironisch von einer Monumentalisierungs- und Marmorisierungswelle, die über die Stadt schwappt. Das alles sind aber auch Investitionen in Popularität?

Meinetwegen können Sie das so sehen. Andere sprechen vom „Regierungsprogramm in Stein" beziehungsweise „Marmor". Viele dieser Bauten finanziere ich übrigens aus eigener Tasche. Die Römer schätzen *liberalitas,* „Freigebigkeit", ihrer führenden Leute, ja, sie erwarten sie traditionell. Wissen Sie, welchen Rat Vitruv mir mal gegeben hat? Größe und Würde eines Reiches spiegeln sich nicht nur in seinen eroberten Provinzen, sondern auch in seinen öffentlichen Bauten – kümmere dich darum, Princeps!

Wir haben es bei Vitruv selbst gelesen, in der Einleitung zu *De architectura.*

Umso besser! Und er hat recht! Erinnern Sie sich noch, wie Rom vor ein paar Jahrzehnten aussah? Das hatte mit *maiestas Imperii* herzlich wenig zu tun. Diplomaten und Kaufleute aus dem Osten waren enttäuscht, ja schockiert, dass die Herrscherin der Welt architektonisch so blass wirkte, dass wir nur wenige Bauten hatten, mit denen man gewissermaßen Staat machen konnte.

Diesen Nachholbedarf haben Sie erkannt und konsequent aufgearbeitet.

Ja, und ich freue mich darüber, dass ich einige meiner wohlhabenden

Freunde und Verwandten überzeugen konnte, sich an diesem ehrgeizigen Verschönerungsprogramm finanziell zu beteiligen. Denken Sie nur an das wundervolle Pantheon mit seiner majestätischen Kuppel! Ein Projekt meines Schwiegersohns Agrippas.

Überhaupt haben Sie ja einen großen Teil des Marsfeldes in Ihr Bauprogramm einbezogen. Man erkennt es kaum wieder: der nach Ihnen benannte Friedensaltar, die gigantische Sonnenuhr, das von Ihnen zu Ende gebaute Marcellus-Theater, Portiken und nicht zuletzt Ihr gewaltiges Mausoleum. Das ist ein großartiges bauliches Ensemble, aber es hat natürlich auch mit herrscherlicher Selbstdarstellung zu tun.

Sie meinen: Selbstdarstellung eines *princeps*. Das mögen Sie so sehen. Viel wichtiger ist die Selbstdarstellung des römischen Herrschervolkes. Wir sind Herren der Welt, das hier ist die Zentrale einer Supermacht, verstehen Sie, und das muss sich doch auch in ihren Bauten dokumentieren. Mag ja sein, dass die architektonische Provinzialität, die Rom über Jahrhunderte verströmte, in der Zeit des Aufbaus unseres Imperiums angebracht war. Aber jetzt beginnt ein neues Zeitalter. Rom ist auf dem Höhepunkt seiner Macht – und diese Macht will auch gesehen werden. Ich sage noch einmal: Das ist auch für die kleinen Leute, die das alles mit aufgebaut und Opfer gebracht haben, eine Form von Teilhabe an der Macht. Sie sehen, dass sich ihr und ihrer Väter Einsatz gelohnt hat, ja, sie können es geradezu fühlen, wenn sie über die glatt polierten Marmorflächen der „goldenen Tempel" Roms streicheln.

Wir wundern uns, dass diese vielen Großbaustellen im Herzen Roms nicht zu Verdruss und Protesten geführt haben.

Ehrlich gesagt, ich wundere mich auch. Aber da sehen Sie zum einen, wie sehr ich recht habe: Die Leute bringen eben auch im Alltag Opfer und nehmen manche Unbequemlichkeit in Kauf, weil sie wissen, dass hier für die *maiestas ihres* Reiches gebaut wird. Zum anderen haben natürlich auch viele Menschen für längere Zeit sichere Arbeit gefunden. Darauf zielen wir nicht vorrangig ab, aber es ist ein erfreulicher zusätzlicher Aspekt. Und drittens bemühen wir uns im Zuge der Neubauten auch um eine Sanierung der jeweils umgebenden Infrastruktur. Da lag und liegt einiges im Argen.

Hören wir richtig heraus, dass Sie Ihre Baupolitik fortführen werden?

Vielleicht etwas weniger ungestüm als bisher, weil wir ja schon vieles erreicht und saniert haben – denken Sie auch an die vielen Tempel, um die sich jahrzehntelang kaum einer gekümmert hat. 82 sind es, glaube ich, die wir restauriert haben. Aber im Prinzip ja: Rom wird weiterhin konsequent zum Sitz des Weltenherrschers ausgebaut werden, des weltbeherrschenden Volkes, um genau zu sein – zu einer „Ewigen Stadt“, wie es unser Tibull kürzlich in einem seiner Gedichte formuliert hat.

Der einschlägige Ehrgeiz des *princeps* Augustus vielleicht abschließend auf eine „knackige“ Formel gebracht?

Mein großer Traum: Rom, das ich als Ziegelstadt vorgefunden habe, als Marmorstadt zu hinterlassen.

„Wir sind die freiesten Frauen in Rom"
IUNIA TORQUATA, PRIESTERIN DER VESTA

Iunia (ca. 10 v. bis 55 n. Chr.) entstammte der bedeutenden Familie der Iunii Silani. Nach inschriftlichem Zeugnis (CIL VI 2128) tat sie mindestens 45 Jahre Dienst, in ihren letzten Lebensjahren als Virgo Vestalis Maxima, „oberste Vesta-Priesterin". Im Jahre 22 setzte sie sich für ihren Bruder ein, der maßgeblich aufgrund ihrer Fürbitte eine mildere Verbannungsstrafe erhielt (Tac. ann. III 69).

Endlich Feierabend für Sie, Iunia Torquata? Wie war Ihr Tag?

Den Begriff „Feierabend" weise ich als unpassend, ja geradezu unwürdig zurück. Eine *virgo Vestalis* ist stets im Dienst der Göttin. Es wäre schön, wenn Sie sich umgangssprachlicher Ausdrücke enthielten.

Wir wollten Ihnen und der Göttin nicht zu nahe treten, ehrwürdige Jungfrau, bitte sehen Sie uns den Lapsus nach. Dürfen wir auf unsere Frage zurückkommen?

Sie wissen sicher, welche Obliegenheiten die Römer uns sechs *virgines Vestales* vor allem anvertrauen. Denen bin ich heute nachgegangen. Am Morgen bin ich mit meinem Personal zur Egeria-Quelle aufgebrochen, um das heilige Wasser zu holen, mit dem allein der Vesta-Tempel gereinigt wird. Die Quelle liegt ja außerhalb der Stadt, da ist man eine Zeit lang unterwegs.

Obwohl Sie ja mit dem Wagen dorthin fahren dürfen?

Das ist richtig. Vom allgemeinen City-Fahrverbot in den hellen Tagesstunden sind wir Vestalinnen ausgenommen. Ein großes Privileg, wenn auch nur für Dienstfahrten. Aber auch so kommen Sie im römischen Verkehrsgewühl kaum durch.

Machen die Leute nicht Platz, wenn sie den Liktor, den „Amtsdiener", und den Wagen einer Vestalin sehen?

Doch, sie bemühen sich. Über mangelnde Ehrerbietung kann ich mich wirklich nicht beklagen. Aber wenn alles verstopft ist, hilft auch der beste Wille nicht weiter.

Wie ist es nach dem Wasserholen weitergegangen? Konnten Sie sich etwas ausruhen?

Nein, wir waren so spät zurück, dass ich mich sogar beeilen musste, um der nächsten Pflicht zu genügen: das Feuer im Vesta-Tempel zu bewachen. Selbstverständlich hätte die Kollegin, wenn ich zu spät gewesen wäre, auf die Ablösung gewartet.

Das Feuer muss unter ständiger Aufsicht sein?

Es darf unter keinen Umständen ausgehen. Das würde die *pax deorum*, den „Frieden mit den Göttern", in Frage stellen und wäre ein schlimmes Omen für die Bürgerschaft. Als deren Repräsentanten sind wir Vestalinnen ja im Vesta-Tempel tätig. Wir halten gleichsam das Staatsfeuer am Brennen – eine hohe Verantwortung.

Sodass man beim Wacheschieben nicht mal ein Nickerchen riskieren kann?

Hatte ich Sie nicht gebeten, auf umgangssprachliche Formulierungen zu verzichten? Die Vestalin macht doch kein „Nickerchen", sie „schiebt" doch nicht „Wache". Über beide Formulierungen würden sich eine Menge Leute mächtig aufregen – von der Sache selbst, einem verhängnisvollen Einschlafen, ganz zu schweigen.

Bei aller Hochachtung – Sie sind doch auch nur Menschen. Und Menschen haben ein Schlafbedürfnis.

Aber doch nicht im Dienst! Im Übrigen würden Amtsdiener eine wachende Vestalin, wenn nötig, am Einschlafen hindern.

Was wäre, wenn das Feuer trotzdem mal erlöschen würde?

Die schuldige Kollegin würde zur Verantwortung gezogen.

Was heißt das konkret?

Bei schuldhaftem Verhalten würde der Pontifex Maximus sie auspeitschen lassen.

Ist das schon einmal vorgekommen?

Soweit ich weiß, ein einziges Mal. Aber das ist kein passender Gesprächsgegenstand. Entscheidend ist, dass wir unsere Pflicht tun. Das ist für die Sicherheit, ja für die Existenz unserer Bürgerschaft – und damit des ganzen Reiches – unabdingbar. Das Staatsfeuer im Vesta-Tempel ist seit der Gründung Roms eine zentrale Voraussetzung für den göttlichen Schutz, der uns Römern in so reichem Maße zuteil geworden ist und zuteil wird. Solange Vesta verehrt wird, wie sie es verdient, wird Rom bestehen.

Ist es auf Dauer denn nicht langweilig – oder besser: ermüdend, stundenlang ein Feuer zu bewachen?

Gut, dass Sie sich selbst korrigiert haben! Sie scheinen zu lernen. Man kann das Wachen über das Feuer durchaus mit einer anderen wichtigen Aufgabe kombinieren: der Herstellung von *mola salsa*.

Das ist ein mit Salz überstreutes Opferschrot?

Ja, und zwar eines, das wir exklusiv hier im Vesta-Heiligtum für alle sakralen Handlungen der Gemeinschaft herstellen. Wo immer im Stadtgebiet ein öffentliches Opfer vollzogen wird, braucht es *mola salsa* sozusagen aus vestalischer Produktion.

Ist das mit Verlaub nicht auch eine saloppe Ausdrucksweise?

Ich glaube nicht, dass es Ihnen zusteht, meine Diktion zu beanstanden. Sie sprechen mit einer Vestalin!

Entschuldigen Sie die vorwitzige Bemerkung. Wir sind uns sehr bewusst, mit wem wir hier ein Interview führen dürfen. Sie gehören ja tatsächlich zur absoluten Prominenz in Rom, zur gesellschaftlichen Creme. Nehmen Sie auch aktiv am gesellschaftlichen Leben teil?

Sofern es unsere Zeit zulässt, gerne. Wir erhalten unzählige Einladungen, von denen wir leider nur wenige annehmen können.

Einschließlich des Besuches öffentlicher Spiele?

Im Theater und Amphitheater stehen uns Ehrenplätze zur Verfügung. Da möchte man den Ausrichter der Spiele ungern enttäuschen. Wir sehen zu, dass mindestens eine von uns sich dort sehen lässt. Das sind fast schon Pflichttermine.

Sie verkehren auch in den sogenannten besten Kreisen der Gesellschaft?

Fast alle von uns stammen aus bedeutenden aristokratischen Familien – und die Vestalinnen *gehören* schlicht zur gesellschaftlichen Elite Roms, das scheinen Sie bei Ihrer Frage übersehen zu haben. Einladungen an die Tafel des Kaisers sind keine Seltenheit.

Sind Sie angesichts dieser vielen wichtigen Kontakte Netzwerkerin?

Ich mag den Begriff nicht. Das hört sich für mich nach Seilschaft und Kumpanei an – für eine *sacra virgo* ein Unding.

Dann formulieren wir die Frage anders. Haben Sie aufgrund Ihrer Stellung, Ihres Prestiges und Ihrer Prominenz Einfluss auf wichtige Entscheidungsträger? Und wenn ja, nutzen Sie diesen Einfluss?

Es wäre naiv und unredlich, das Gegenteil zu behaupten. Natürlich mischt sich eine *virgo Vestalis* nicht in aktuelle politische Fragen ein. Aber wo ich helfen kann, helfe ich gern.

So wie jüngst im Falle Ihres Bruders?

Ja, ich bekenne mich freimütig dazu, dass ich den Kaiser um einen Gefallen gebeten habe. Er hatte Gaius Silanus wegen angeblicher Misswirtschaft in seiner Zeit als Statthalter von Asia verurteilt und ihn auf die unbewohnte Ägäis-Insel Gyaros verbannt. Zu der Anklage als solcher kann und will ich nichts sagen, aber ich habe zusammen mit anderen den Kaiser gebeten, die Strafe abzumildern. Tiberius hat dem großzügigerweise entsprochen, sodass mein Bruder seine Verbannung jetzt auf Kynthos verbringen darf, einem deutlich zivilisierteren Eiland.

Ist es nicht problematisch, wenn eine dem Gemeinwesen verpflichtete Vestalin sich für ein Mitglied ihrer Familie stark macht, der sie nicht mehr angehören soll und rechtlich auch nicht mehr angehört?

Sie werfen da zwei Dinge durcheinander. Niemand verbietet mir, meinen Vater als Vater oder meinen Bruder als Bruder zu lieben. Eine Priesterin braucht ihre natürlichen Gefühle nicht zu verleugnen. Und in diesem Rahmen kann sie ihre Autorität ebenso zugunsten eines Familienangehörigen einsetzen wie zugunsten eines Fremden.

Aber?

Aber juristisch haben Sie recht. Durch den Akt der *captio*, das „Ergreifen" des Mädchens, das der Oberpriester gegenüber dem von ihm als Vestalin vorgesehenen Mädchen vollzieht, tritt die künftige *virgo Vestalis* sozusagen aus ihrer Familie aus. Sie untersteht nicht mehr der *patria potestas*, der „väterlichen Gewalt", oder irgendeinem anderen männlichen Tutor. Sie verlässt die Kultgemeinschaft einer einzelnen Familie, um auf diese Weise ganz in den sakralen Dienst des Gemeinwesens zu treten und so das Ganze repräsentieren zu können. Personenrechtlich ist sie *sui iuris*, eigenen Rechts. Sie verwaltet auch ihr eigenes Vermögen und ist ähnlich wie ein Volkstribun unverletzlich. Und sie genießt eine Reihe von Vorrechten. Sogar Consuln und Praetoren müssen den Weg für sie freimachen.

Für römische Verhältnisse eine ganz außergewöhnliche Freiheit für eine Frau?

Das kann man wohl sagen. Wir sind, wenn Sie so wollen, die freiesten Frauen von ganz Rom, ja im gesamten Imperium.

Sie unterstehen keinerlei Aufsicht?

In persönlichen Dingen nicht, in disziplinarischen Dingen nimmt der Pontifex Maximus die Dienstaufsicht wahr. Wenn es Klagen hinsichtlich des dienstlichen Verhaltens oder des Lebenswandels einer Vestalin gibt, führt er die Untersuchung.

Wer beschuldigt wird, erhält die Gelegenheit zur eigenen Stellungnahme?

Selbstverständlich! Beim Verdacht auf *incestus*, also Verstoß gegen die Verpflichtung zur sexuellen Enthaltsamkeit, wird die Kollegin allerdings sofort suspendiert. Wir Vestalischen Jungfrauen sind bei vielen staatlichen Opfern gerade für Reinigungsriten zuständig. Da muss die Ausführende selbst über jeden Verdacht der Unreinheit erhaben sein, sonst wird das Opfer von der Gottheit nicht angenommen.

Und dann wird die Sache vor dem Pontifex Maximus verhandelt?

Rasch, aber gründlich. Angesichts der Tragweite muss die Untersuchung mit größter Sorgfalt erfolgen. Sie allein ist schon ein Skandal – erst recht, wenn es zur Verurteilung kommt.

Auf *incestus* einer Vestalin steht die Todesstrafe.

Natürlich. Und zwar wird die Schuldige in eine vorbereitete unterirdische Kammer auf dem *campus sceleratus*, dem „Verfluchtenacker", gebracht und dort im Prinzip lebendig begraben.

Hat es solche Prozesse schon einmal gegeben?

In der langen, langen Geschichte unserer Priesterschaft sind bisher, wenn ich es recht in Erinnerung habe, zwei Vestalinnen verurteilt worden. Nur zwei, mag der Außenstehende angesichts einer Tradition von rund 700 Jahren sagen. Zwei zu viel, sage *ich*.

Mit diesem strengen Urteil bringen Sie es bestimmt irgendwann zur Virgo Vestalis Maxima.

Sie finden das streng? Wir sind Vestalinnen! Vorbilder für Reinheit und Unbescholtenheit! Garantinnen der Sicherheit, ja der Existenz dieses Staates! Die Frauen mit dem höchsten Ansehen, von vielen nicht nur geachtet, sondern bewundert und verehrt! Grundlage all dessen ist die *virginitas*, die „Jungfräulichkeit". Das darf niemand aufs Spiel setzen, niemand!

Weil sonst der Markenkern bedroht ist?

Wenn Sie weiter so flapsig daherreden, breche ich das Gespräch auf der Stelle ab.

Das war wirklich nicht flapsig gemeint.

Aber wir sind kein Produkt, das sich verkaufen soll, für das man Imagewerbung machen muss, sondern eine der seriösesten sakralen Institutionen dieser Stadt!

Gewiss. Das respektieren wir sehr. Dürfen wir noch ein paar Fragen zu Ihrer persönlichen Zukunft stellen?

Bitte.

Sie sind jetzt rund ein Vierteljahrhundert im vestalischen Priesterkollegium. Haben Sie schon Pläne, wie es in fünf Jahren weitergeht, wenn Sie wieder ins Privatleben zurückkehren dürfen?

Ich bin als Mädchen von sieben Jahren zur *virgo Vestalis* gewählt worden. Das hat mich geprägt. Ich kann mir nicht vorstellen, nach den obligatorischen dreißig Jahren einfach aufzuhören.

Sie könnten sogar noch heiraten und eine Familie gründen.

Theoretisch ja. Aber ich glaube nicht, dass das meine Berufung ist. Nein, ich werde weitermachen bis zum Tode – wie die allermeisten Vestalinnen vor mir. Das ist eine lebenslange Berufung, finde ich. Ich tue den Dienst gern, auch wenn sich die Arbeitstage mit Staatsopfern zu bestimmten Zeiten häufen. Und, ehrlich gesagt, ich möchte auch dieses selbstbestimmte Leben nicht mehr missen.

Sie können noch zur Virgo Vestalis Maxima aufsteigen.

Vom Prestige her gewiss ein Aufstieg, sozusagen gesellschaftlich eine noch höhere Stufe, aber das ist keine echte Vorgesetztenposition hier in unserem Sechserteam. Da gibt es kaum Rangunterschiede. Mal sehen, was die Zukunft bringt.

Und Sie haben ein Recht auf Privatleben?

Aber sicher! Ich muss meinen Dienstobliegenheiten nachkommen und ich habe meinen Wohnsitz hier im Atrium Vestae direkt neben dem Tempel zu nehmen. Aber ich kann mich jederzeit frei bewegen, habe zwei, drei Sklaven zu meiner persönlichen Verfügung und habe keine finanziellen Sorgen – auch dank der Großzügigkeit, mit der wohlhabende Leute uns Vestalinnen in ihren Testamenten bedenken. Ich bewohne eine schöne Suite im Atrium, ich besuche die öffentlichen Spiele, nehme an Empfängen teil und habe viele kulturelle Interessen. Sagen *Sie* mir, was ich da vermissen sollte!

Wenn *Sie* es nicht wissen, sagen wir nichts weiter dazu. Außer: Herzlichen Dank für dieses aufschlussreiche Gespräch!

„Seneca ist ein Ehebrecher!"
MESSALINA, DIE „KAISERLICHE HURE"

Valeria Messalina (ca. 20 bis 48 n. Chr.) war die dritte Frau des Kaisers Claudius, der rund 30 Jahre älter war als sie. Aus der Ehe gingen zwei Kinder hervor; der im Jahre 41 geborene Britannicus wurde von Messalina als Thronfolger aufgebaut. Die Überlieferung zeichnet Messalina in schwärzesten Farben. Sicher ist, dass ihren Intrigen zahlreiche hochgestellte Persönlichkeiten zum Opfer fielen und sie einem äußerst freizügigen Lebenswandel nachging.
Wie ausgeprägt ihre nymphomanischen Neigungen waren, lässt sich nicht sicher sagen. Zahlreiche außereheliche Affären sind gut bezeugt; ihre Ausflüge als „kaiserliche Hure" (so der Satiriker Juvenal) in die Welt der Billigbordelle dürften eher eine Erfindung sein. Mit ihrem Liebhaber C. Silius schloss Messalina, obwohl noch mit Claudius verheiratet, eine förmliche Ehe. Das wurde ihr zum Verhängnis. Einflussreiche Höflinge witterten darin ein Komplott gegen Claudius und ließen sie umbringen. Die Nachricht vom Tode seiner Frau soll Claudius völlig ungerührt aufgenommen haben.

Wir wissen es sehr zu schätzen, dass Sie uns eine Unterredung gewähren und dass wir, wie mit Ihrem Privatsekretär abgesprochen, sehr offen und kritisch fragen dürfen. Wie war Ihr Tag, Augusta?

Diese Anrede steht mir nicht zu. Ich weiß nicht recht, warum, aber mein kaiserlicher Gemahl ist dagegen. Ich sei keine Livia, sagt er. Nun gut. Zu Ihrer Frage: Im Ganzen erfreulich, von einigen lästigen Pflichtterminen mit reinen Repräsentationsaufgaben abgesehen. Das Beste waren die Vorbereitungen zum großen Weinfest.

Sie bringen sich da selbst ein?

Natürlich. Es ist *mein* Fest. Und der Rahmen soll ja authentisch sein: Landambiente im Kaiserpalast auf dem Palatin – da muss man sich schon einiges einfallen lassen und Entscheidungen treffen. Meine Innenarchitekten haben gute Ideen, aber ich behalte mir das letzte Wort vor.

Wird es eine Art Kostümfest sein, bei dem die Gäste Bacchus und sein munteres Gefolge gewissermaßen darstellen?

Klar, alle tragen Kostüme. Die sind schon lange fertig; ich stelle sie meinen Gästen zur Verfügung. Wir werden eine tolle Truppe von Satyrn und Mänaden sein und viel Spaß haben.

Dürfen wir fragen, welche Rolle Sie selbst übernehmen?

Ich bin mir noch nicht sicher. Vielleicht die einer so richtig lüsternen Mänade, aber wahrscheinlich spiele ich die von ihrem Liebhaber Theseus verlassene Ariadne ...

Eine Rolle, die man, mit Verlaub, nicht unbedingt mit Ihnen in Verbindung bringt ...

Warten Sie doch ab: und die dann von Bacchus getröstet und zu seiner Frau gemacht wird.

Wer übernimmt den Part des Weingottes?

Der Beste, den wir haben! Unser größter Bühnenstar, der schöne Mnester! Wirklich ein ganz hübscher, charmanter Kerl, der auch als Bacchus überzeugen wird.

Und als Liebhaber der armen Ariadne auch, vermuten wir. Wie haben Sie es geschafft, den viel beschäftigten großen Star von der Bühne loszueisen und ihn für die Hauptrolle auf Ihrem Weinfest zu engagieren? Nur mit Geld lässt sich ein Mnester ja wohl kaum locken.

Ich trage zwar nicht den Titel „Augusta", aber so ganz ohne Einfluss bin ich nicht. Und vielleicht gibt es ja neben meiner Stellung auch noch anderes, was mich für Mnester interessant macht.

Sie spielen auf den Erlass Ihres kaiserlichen Gatten an, der einiges Aufsehen erregt und den Hofklatsch befeuert hat?

Eigentlich nicht. Aber ich kann Ihnen gern bestätigen, dass Claudius verfügt hat, Mnester solle mir in jeder Hinsicht zu Diensten sein – unter allen Umständen, auch wenn er selbst nicht will.

In *jeder* Hinsicht?

In *jeder*. Es gibt keinerlei Einschränkung. Damit ist wohl alles gesagt und wir können das Thema verlassen.

Wie man hört, sind Ihre Feste recht freizügig. Da dürfte gerade ein Weinfest keine Ausnahme sein.

Wenn man Bacchus huldigt, wie er es verdient – kennen *Sie* da Leute, die nicht fröhlich und ausgelassen sind und die Hemmungen des Alltags hinter sich lassen? Wir rühmen Bacchus als „Sorgenlöser" – tut man das, indem man brav dasitzt und an einem Gläschen Wein nippt? Schauen Sie sich mal auf dem Land um, wie da Weinfeste gefeiert werden! Da geht es ab!

vina parant animos, „Wein macht das Herz bereit", sagt Ovid in der *Liebeskunst*. Und spielt auf die enge Verbindung von Bacchus und Amor an. Kommt das bei Ihrem Weinfest auch zum Tragen?

Wir werden vergnügt und ausgelassen sein. Alles Weitere ergibt sich. Prüde sind wir nicht, wenn Sie das meinen. Die Damen, die zugegen sind, bringen entweder ihre unternehmungslustigen Männer mit oder haben von ihnen sozusagen freien Ausgang gekriegt.

Stimmt es, dass Sie „großzügige" Ehemänner mit Ehren und guten Posten belohnen?

Wer es verdient hat, soll Karriere machen. Im Übrigen vergebe *ich* keine Ämter und Ehrungen. Das tut ausschließlich der Kaiser.

Auf den Sie aber entsprechenden Einfluss nehmen?

Das kommentiere ich nicht. Sie kennen doch das eherne Gesetz politischer Einflussnahme vonseiten römischer Frauen: Daheim ist alles erlaubt, aber es darf nichts nach außen dringen. Frauen haben sich in der Öffentlichkeit zurückzuhalten. Und Politik ist eine öffentliche Sache.

In der Öffentlichkeit herrscht der Eindruck, dass Sie hinter den Kulissen der Macht kräftig mitmischen und manche Ihnen missliebige einflussreiche Personen – sagen wir: kaltgestellt haben. Man munkelt, Sie hätten bei der einen oder anderen Palastintrige bis hin zum ausgereiften Komplott die Hand im Spiel.

Ich persönlich kann niemanden kaltstellen. Eines will ich Ihnen bestätigen. Ich bin die Mutter des Thronfolgers Britannicus. Mütter kämpfen für ihre Kinder, das erwartet man von ihnen sogar. Und als Mutter sehe ich nicht weg, wenn machtgierige Hofschranzen die Zukunft meines Sohnes bedrohen. Er wird der nächste Kaiser sein. So will es auch Claudius. Und wer das nicht will, hat ein Problem mit Messalina.

War dieses unbedingte Eintreten für Britannicus der Grund für Ihren Feldzug gegen Ihre Cousine Julia Livilla und Seneca?

Es gab keinen Feldzug. Es gab nur eine sehr unschöne Affäre zwischen den beiden, einen krassen Fall von schamlosem Ehebruch.

Wir sind erstaunt über solche harschen Worte aus Ihrem Munde. Und – Sie haben uns ja ein offenes Interview zugestanden – fragen noch mal nach: Es war keine Eifersucht gegenüber der schönen, jüngeren Frau im Spiel? Kein Ärger über deren private Treffen mit Ihrem Ehemann? Keine Sorge, dass da eine Rivalin Fuß zu fassen drohte?

Ich kenne alle diese haltlosen Spekulationen. Livilla und Seneca sind Ehebrecher und deshalb mit Exil bestraft worden.

Das Seneca, eigentlich doch ein gestandener, sittlich gefestiger Stoiker, überstanden hat, Livilla aber nicht?

Livilla ist bei einem Anschlag ums Leben gekommen. Vermutlich hat sie in der Verbannung wieder eine Affäre gehabt. Da lebt man halt gefährlich.

Wir nehmen das so zur Kenntnis. Sie wissen offensichtlich, wovon Sie sprechen. – Mit dem Tode des Silanus haben Sie auch nichts zu tun, vermuten wir?

Doch. Ich war dabei, als er sein Attentat plante. Und konnte persönlich bekräftigen, was Narcissus, der Freigelassene und Chefsekretär meines Mannes, dem Kaiser seinerzeit berichtet hat: Er hatte mehrere Nächte hintereinander im Traum gesehen, wie Silanus den Princeps angriff und tötete. Eben diesen Traum hatte auch ich. Just in dem Augenblick, als wir meinen Mann darüber informierten und ihn warnten, wurde gemeldet, Silanus sei im Anmarsch. Das war kein Zufall! Das Traumgesicht drohte in Erfüllung zu gehen. Wir mussten handeln …

Und den vermeintlichen Attentäter hinrichten lassen.

In so einer dramatischen Situation muss man schnell reagieren.

Es ist also nichts dran an dem Gerücht, dass Silanus sich Ihren Avancen entzogen hätte und Sie sich dafür an ihm gerächt hätten?

Auf derart impertinente Unterstellungen verbietet sich jede Antwort. Abgesehen davon ist Messalina keine unattraktive Frau, die nicht bekäme, was sie haben wollte – wenn sie denn wollen würde.

Gerüchte besagen, sie wolle häufig. Man unterstellt Ihnen einen – leidenschaftlichen Charakter.

Tut man das? Nur weil ich zugegebenermaßen gern flirte, mich chic kleide, gerne feiere und dem Ideal der altrömischen *matrona* nicht mit Feuereifer nachstrebe? Die Spießer und Heuchler, die sich über mich das Maul zerreißen, sollten mal vor ihrer eigenen Haustür kehren! Die haben offensichtlich ein Problem mit selbstbewussten Frauen. Aber das mache ich nicht zu *meinem* Problem.

Eine gewisse Tendenz zur Heuchelei in dieser Gesellschaft – besonders in der sogenannten feinen – wird man kaum bestreiten können.

Und zur Klatschsucht! Rom ist „eine Stadt, die alles weiß und nichts verschweigt", hat mal jemand gesagt. Ein gutes Bonmot! Bis auf das „Wissen". „Wissen wollen" wäre passender.

Sie liefern uns das Stichwort. Man will wissen, dass Sie nachts heimlich mit blonder Perücke in ein Billigbordell am Circus Maximus verschwinden und sich dort unter dem Decknamen „Lycisca" an Männer verkaufen.

Ich ahne, wer diese Diffamierungskampagne steuert. An schmähsüchtigen Neidern herrscht auf dem Palatin kein Mangel. Ich höre sogar von noch übleren Gerüchten: dass ich mit einer Professionellen gewettet hätte, wer von uns beiden mehr Männer in einer Nacht „schafft". Abartig, diese Verleumdungen! Ich soll die Wette übrigens gewonnen haben, weil die „Kollegin" bei 25 schlapp gemacht hätte ...

Haben wir auch gehört. Möchten Sie dazu Stellung nehmen?

Das lohnt nicht, das wertet diese Schmutzkampagne nur auf. Ich lache darüber.

Wie erklären Sie sich solche Lügengeschichten?

Ich sagte ja: Neid, Schmähsucht, Böswilligkeit. Besonders populär bin ich nicht, das weiß ich. Da eignet man sich gut als Zielscheibe von Aggression, Hass und Häme.

Mit den vielen Affären, die man Ihnen nachsagt, bringen Sie diese Dreckschleudereien nicht in Verbindung?

Ach ja, die „vielen Affären". Wissen Sie was: Man hat mir sogar schon eine Affäre mit meinem Mann nachgesagt!

Sie bleiben erstaunlich gelassen.

Ich habe ein gutes Gewissen, bin mit mir selbst im Reinen. Die Nachwelt wird ihr Urteil über mich sprechen. Ich bin zuversichtlich, dass die Wahrheit siegen wird.

Dieser Hoffnung schließen wir uns gern an.

„Ich weise alle Vorwürfe entschieden zurück!"
NERO, KAISER UND KRISENMANAGER

Nero (37 bis 68 n. Chr.) regierte von 54 bis 68 n. Chr. als fünfter Kaiser das Römische Reich. In seine Regierungszeit fiel der große Brand des Jahres 64, der weite Teile der Hauptstadt in Schutt und Asche legte. Der Brand brach am 9. Juli am Circus Maximus aus, tobte sechs Tage lang und hinterließ eine Schneise der Verwüstung. Danach flammte er nochmals für drei Tage auf. Schnell breitete sich der Verdacht aus, der Kaiser könne Brandstifter beauftragt haben, weil er ehrgeizige Bauprojekte durch eine „heiße Sanierung" vorantreiben wollte. Die historische Forschung hat keinen stichhaltigen Beweis für Neros Schuld erbracht. Noch eindeutiger ist indes die Unschuld der Christen. Sie waren für Nero der klassische Sündenbock, auf die er die Aggressionen abzuleiten versuchte. Das hat schon der Historiker Tacitus, der keinerlei Sympathie für die Christen empfand, als Ablenkungsmanöver durchschaut.

Eine große Ehre für uns, dass Sie uns empfangen, Kaiserliche Hoheit! Wir halten uns an das, was mit Ihrer Staatskanzlei abgesprochen wurde, und fragen Sie ohne Umschweife: Wie war Ihr Tag, Kaiser Nero?

Stressig, absolut stressig! Von einer Sitzung in die nächste! Jede Menge Expertenanhörungen, jede Menge Katastrophenbewältigung, vor allem aber jede Menge Zukunftsplanung. Ich sage Ihnen: Kaiser des Imperium Romanum zu sein – das ist ein harter, aber auch ein ganz toller Job! Erst recht aber, den hohen Ansprüchen an einen *patronus plebis* hier in Rom zu genügen! Die Leute wollen, dass sich ihr Schutzherr reinhängt. Und er hängt sich für sie rein!

Was ja wohl auch, wenn wir das mit allem gebotenen Respekt formulieren dürfen, bitter nötig ist. Halb Rom ist eine Ruinenlandschaft, drei Stadtviertel im Zentrum sind völlig niedergebrannt, Tausende von Mietshäusern, Privatvillen und historischen Gebäuden zerstört, Zehntausende Römer – manche sprechen von bis zu 200 000 – obdachlos. Und überall in der City kokelt es noch munter vor sich hin. Die Feuerwehr ist seit über einer Woche immer noch Tag und Nacht damit beschäftigt, die verbliebenen Glutnester zu löschen und zu ersticken – nachdem eine neuntägige Brandkatastrophe gewütet hat wie keine zuvor. Unter *Ihrem* Prinzipat, Kaiser Nero! Wie kommen Sie damit zurecht?

Was für eine Frage! Schlecht natürlich, es belastet mich furchtbar – auch wenn ich mir persönlich nichts vorzuwerfen habe. Aber es ist natürlich eine schreckliche Katastrophe! Ich räume ein: die schlimmste

Brandkatastrophe, die Rom trotz aller einschlägigen Unglücke in seiner Geschichte getroffen hat! Ich leide mit allen Opfern, mit den Toten und ihren Hinterbliebenen – genaue Zahlen haben wir ja noch nicht – und den vielen Römern aus allen Schichten, die ihr Hab und Gut und ihre Wohnung in dem Flammeninferno verloren haben. Sie wissen sicherlich, dass der Krisenstab unter meiner Führung alles tut, um das Leid zu lindern, den Menschen Soforthilfe zukommen zu lassen und für die vielen Obdachlosen schnelle, unbürokratische humanitäre Lösungen bereitzustellen. Deshalb ja die vielen Krisensitzungen, die einander förmlich jagen und dem Kaiser, um es drastisch zu formulieren, kaum Zeit lassen, dahin zu verschwinden, wo selbst der Kaiser allein sein möchte.

Wir haben Verständnis für Ihre Not – und hören auch aus Ihrer Umgebung, dass Sie es zurzeit an Engagement wahrhaftig nicht fehlen lassen. Dürfen wir aber mit Blick auf die Tage der großen Feuersbrunst kritisch anfragen, ob Ihr Katastrophenmanagement nicht etwas zu spät kommt? Haben Sie, als Rom in Flammen stand, nicht unnötig Zeit verloren, Majestät?

Ich weiß nicht, wovon Sie sprechen. Wir haben unverzüglich reagiert, der kaiserliche Hof, mein Kronrat und nicht zuletzt ich selbst. Ich weise alle Vorwürfe entschieden zurück! Es ist äußerst bedauerlich, dass Sie sich da zum Sprachrohr kritischer Stimmen machen, die das furchtbare Unglück dazu missbrauchen, ihre notorisch feindselige Einstellung zum Kaiser auszuleben.

Waren Sie nicht in Ihrer Sommervilla in Antium, als das Feuer ausbrach?

Gegenfrage: Darf ausgerechnet der Kaiser in der heißen Jahreszeit nicht einige Tage am Meer entspannen?

Das hat niemand kritisiert. Wohl aber, dass Sie sich erst zur Rückreise nach Rom bequemt hätten, als Teile Ihres eigenen Palastes in Flammen standen.

Ich war jederzeit über das informiert, was in Rom vor sich ging, und habe sofort einen Krisenstab in der Hauptstadt eingerichtet, mit dem ich in Antium über Schnellboten in ständigem Kontakt stand. In *einem* Punkte mögen Sie recht haben: Wir haben das Ausmaß der Katastrophe anfangs unterschätzt. Wir gingen von einem mittelschweren Brand aus, wie er für unsere Hauptstadt ja leider nicht untypisch ist. Wie es zu dieser Fehleinschätzung kommen konnte, wird zurzeit untersucht. Der *praefectus vigilum* ist von mir persönlich mit der Klärung beauftragt. In einem Zwischenbericht heißt es, man habe die Kaminwirkung unterschätzt, die vom langen Tal des Circus Maximus ausgeht. Sie habe sich ungemein beschleunigend auf die Ausbreitung des Feuers ausgewirkt – wie übrigens auch die Juli-Hitze und die Tatsache, dass es lange Zeit vorher nicht geregnet hat. Dass ich mit meinem Gefolge in Rom eintraf, als der Kaiserpalast in Flammen stand, ist reiner Zufall. Sowie die Dimension der Katastrophe erkennbar war, bin ich in Antium Hals über Kopf aufgebrochen. Die nächtliche Fahrt über die Via Appia war auch nicht die reinste Erholung. Aber das nur nebenbei.

Wie sind Sie in Rom empfangen worden? Waren die Menschen froh, ihren *patronus* zu sehen?

Ich hatte schon den Eindruck. Das Volk liebt mich. Aber natürlich haben die Leute inmitten von Chaos und Trümmerlandschaft andere Sorgen, als ihrem Kaiser zuzujubeln.

Das klingt nicht gerade nach einem warmherzigen Empfang. Gab es Proteste? Empörung? Wut?

Es gibt immer Krakeeler, das kennt man doch von den öffentlichen Spielen. Und Verzweifelte wissen nicht recht, wohin mit ihren Gefühlen. Das ist ganz normal. Dass es da zu Entgleisungen kommt, kann man doch verstehen. Aber ich habe das nicht so empfunden, als richte es sich gegen mich persönlich. Die Römer lieben mich. Sie wissen, dass ich einer von ihnen bin, dass ich ihre Leidenschaften, Theater und Wagenrennen, mit ihnen teile – anders als manche hochnäsigen, weltfremden Senatoren.

Gleichwohl haben wir den Eindruck, wenn wir das so offen sagen dürfen, dass da Vertrauen verloren gegangen ist. Nicht zuletzt durch Ihren Auftritt am nächsten Abend. War es klug, da auf dem Balkon des Palastes im Gewand eines Kitharaspielers den Untergang Trojas zu besingen – vor der Kulisse des brennenden Roms wohlgemerkt?

Wissen Sie, das war ein ganz spontaner Entschluss. Welch ein furchtbar-grandioses Geschehen! Welch eine Tragödie! Welch ein Quell künstlerischer Imagination! In dem Augenblick, da das neue Troja zu fallen schien, kam mir die Katastrophe des ersten Trojas mit aller Lebendigkeit vor Augen. Eine überwältigende Erfahrung für einen Künstler, auf die er mit künstlerischen Mitteln reagieren muss! Vergangenheit und Gegenwart fließen in einer Schau wahrhaft tragischer Untergangsgröße zusammen. Troja und Rom vereinigen sich zu einer hell lodernden Fackel, der Weltenbrand scheint nah. Vision wird Wirklichkeit. Die Erhabenheit des Untergangs verlangt nach erhabenen Worten, nach erhabenen Gesten, nach erhabenem Gesang. Verstehen Sie das?

Eher nicht. Die Erhabenheit des Untergangs teilt sich verschreckten, verängstigten, traumatisierten, obdachlosen Menschen nicht unbedingt mit.

Ich weiß. Das Ganze war eine bedauernswerte Kommunikationspanne. Ich stehe zu meinen Gefühlen als Künstler und zur künstlerischen Bewältigung des gewaltigen Spektakels. Aber das hätte nicht nach draußen dringen dürfen. Wir sind dabei, die Schuldigen zu ermitteln. Aber nicht mal Folter bringt die Sklaven zum Reden, die unter Verdacht stehen. Bisher jedenfalls.

Sie wissen, dass die Kunde von Ihrer ungewöhnlichen – dürfen wir sagen: Performance …

Ein hervorragender Begriff! Sie scheinen etwas von wahrer Kunst zu verstehen.

… in eine ohnehin aufgeheizte Stimmung hineingeplatzt ist, in eine brodelnde Gerüchteküche. Kaiserliche Agenten, so munkelte man, hätten die Menschen mit übelsten Drohungen vom Löschen abgehalten und immer wieder neue Brandfackeln in das Inferno geschleudert. Sogar das böse Wort von der Auftragskatastrophe macht die Runde. Das ist natürlich eine Ungeheuerlichkeit, eine beispiellose Majestätsbeleidigung. Aber vielleicht nehmen Sie trotzdem mit ein paar Sätzen dazu Stellung? Einfach damit die aufgebrachten Bürger aus Ihrem eigenen Munde hören, dass das Geschwätz von Neropolis und der vorausgehenden „heißen" urbanistischen Säuberungsaktion nichts als eine gewaltige Verleumdung ist?

Der weitere Ausbau unserer Hauptstadt, eine neue architektonische Prachtentfaltung, breite Alleen statt gewachsner verwinkelter Gassen, auch ein Kaiserpalast von ganz neuen Dimensionen – all das ist richtig und notwendig, das habe ich oft genug betont, und zwar vor allem im Interesse unserer Bürger, die stolz sein sollen auf ihre Ewige Stadt, und im Sinne der *maiestas imperii*, die sich in dieser Residenz des Weltenherrschers spiegeln soll. Das hat übrigens der vergöttlichte Augustus, mein verehrter Urahn in der Kaiserwürde, ganz genauso gesehen und in einem einzigartig mutigen Baukonzept umgesetzt. Neropolis statt Rom – das wäre denkbar, wenn meine Visionen Wirklichkeit werden, da ist noch nichts entschieden. Aber das alles doch nicht um den Preis krimineller Aktionen, des Unglücks von Zehntausenden von Bürgern, unvorstellbaren menschlichen Elends, wie es diese Brandkatastrophe über meine Mitbürger gebracht hat! Es sind widerwärtige, dreckige Lügen, die ausgerechnet zwischen Nero und sein geliebtes, ihn liebendes Volk einen Keil treiben sollen. Das ist empörend, und wir werden mit aller Härte gegen die verantwortungslosen Verleumder vorgehen, die das gegenwärtige Unglück in perfidester Weise missbrauchen, um Ressentiments gegen die Staatsform des Prinzipats und ihren obersten Repräsentanten zu schüren.

Es hat mithin keine kaiserlichen Agenten gegeben, die das Inferno gewissermaßen geschützt und stabilisiert hätten?

Natürlich nicht! Das Gegenteil ist der Fall. Ich habe, sowie ich in Rom war, alle kaiserlichen Besitzungen und Parks für die Obdachlosen geöffnet, habe Notquartiere bauen, Lebensmittel bereitstellen und die Getreidepreise senken lassen – und zur Finanzierung alle herangezogen, die das Glück hatten, von dieser furchtbaren Katastrophe verschont geblieben zu sein – bis hin zu den entferntesten Provinzbewohnern. Und was die angeblichen Agenten des Kaiserhofes angeht: Eine sofortige Untersuchung der Vorwürfe hat ergeben, dass es sich dabei hauptsächlich um Plünderer gehandelt hat, die die Not der Menschen ausgenutzt, sie massiv eingeschüchtert und sich in schamlosester Weise bereichert haben. Eine Dreistigkeit ohnegleichen, dass sie ihre miesen Raubzüge auch noch mit Berufung auf kaiserliche Order zu rechtfertigen gewagt haben! Aber wir werden jeden Einzelnen von diesen Banditen vor Gericht stellen. Und wir werden uns an den eigentlich Verantwortlichen für dieses schreckliche Geschehen zu rächen wissen!

Es gibt also Schuldige? Der Brand war kein von den Göttern verhängtes Unheil, kein Zufall, nicht das Ergebnis unglücklicher Umstände?

Es ist vielleicht noch etwas zu früh, um Ihre Frage ganz genau zu beantworten. Wir sind noch, erinnern Sie sich an meine Eingangsbemerkung, in überaus intensiven Untersuchungen, und ich werde gleich nach Ende dieses Interviews eine weitere Sitzung des Kronrates einberufen, in der wir uns mit den neuesten Erkenntnissen der Ermittlungsbehörden beschäftigen werden. Aber in der derzeit angespannten, mit Gerüchten aufgeladenen Atmosphäre ist es vielleicht doch richtig, einen sehr konkreten, sich immer mehr erhärtenden Verdacht öffentlich zu machen.

Sie spannen uns auf die Folter.

Das ist der Situation geschuldet. Sie wissen ja, dass ich als oberster Gerichtsherr alles tun muss, um rechtsstaatliche Abläufe zu gewährleisten und niemanden vorschnell zu verurteilen. Aber der Verdacht hat sich so verdichtet, dass ich ihn hier äußern kann: Ja, wir kennen die Schuldigen. Es sind Angehörige einer jüdischen Sekte, die sich Chrestiani oder so ähnlich nennen. *Sie* stecken hinter dieser Brandkatastrophe. *Sie* haben Rom in Brand gesteckt, und zwar gleich zweimal.

Nachdem die erste Feuersbrunst gelöscht war, haben sie ein zweites Mal zugeschlagen, und zwar ausgerechnet ganz in der Nähe der Residenz meines Prätorianerpräfekten – um den Verdacht diabolischerweise auf den Palast und meine Person zu lenken.

Was weiß man über den Hintergrund dieser Chrestiani?

Nicht viel, der Geheimdienst hat erschreckend wenig Erkenntnisse – weil sich die Sekte bewusst abkapselt. Sie halten sich nicht nur von Opfern und Gebeten fern und boykottieren den Staatskult, sondern besuchen auch die öffentlichen Spiele nicht. Stattdessen treffen sie sich zu verschwörerischen gemeinsamen Mahlzeiten, bei denen sie das Blut Neugeborener trinken sollen. Fundamentalisten, die sich von römischer Lebensweise und von ihren römischen Mitbürgern total abgrenzen! Rom hat sich, das zeigt diese konspirative Bande, zu einem gefährlichen Nährboden für kleine, radikale Gemeinschaften entwickelt, die die bürgerliche Freiheit zu verbrecherischen Anschlägen missbrauchen. Wissen Sie, was die, die diese Chrestiani etwas besser kennen, als Motivation für ihre teuflischen Frevel angeben? *odium generis humani*, purer „Hass auf die Menschheit"!

Wie werden Sie mit den Schuldigen verfahren – wenn sie denn tatsächlich überführt werden können?

Glauben Sie mir: Wir *werden* sie überführen! Und wir werden sie mit derselben Grausamkeit bestrafen, mit der sie diese wunderbare Stadt ins Verderben gestürzt haben. Sie werden so brennen, wie sie Rom haben brennen lassen! Ich werde sie als lebendige Fackeln durch die Straßen Roms jagen lassen, als menschliche Leuchtkörper zur Illuminierung der Hauptstadt der Welt, die sie selbst zuvor auf so unvorstellbar grausame Weise illuminiert haben. Rache ist angesagt, das römische Volk erwartet eine konsequente Bestrafung der Schuldigen. Nero wird die Erwartungen seines Volkes nicht enttäuschen – und er wird ihm eine neue, prächtigere Residenz aufbauen, deren zentraler Bestandteil ein Goldenes Haus sein wird. Die *aurea domus* seines Herrschers, der diese Herrschaft jenem wundervollen Volk verdankt, von dem ihn auch das furchtbare Geschehen der letzten Tage nicht entzweien wird. Gemeinsam werden wir über jene destruktiven Kräfte siegen, die sich in Hass gegen das gesamte Menschengeschlecht verschworen haben!

Wir wünschen Ihnen dabei eine glückliche Hand – im Interesse der Bürger Roms und seiner Stellung als *caput mundi*!

„Auch Urin ist ein Wertstoff!"
VESPASIAN, RÖMISCHER KAISER UND KREATIVER STEUERERFINDER

Nach dem chaotischen Vierkaiserjahr 68/69 bestieg Titus Flavius Vespasianus (9 bis 79 n. Chr.) am 1. Juli 69 den Kaiserthron. Er regierte zehn Jahre lang und begründete die Dynastie der Flavier. Mit seiner dezidierten Konsolidierungspolitik hob sich Vespasian deutlich von Nero ab. Auch in seinem persönlichen Lebensstil bemühte er sich um Bescheidenheit.

Sie sind jetzt ein gutes Jahr im Amt, Caesar Augustus – und vermutlich unermüdlich dabei, das Staatsschiff auf Kurs zu halten. Wie war Ihr Tag?

Nicht viel anders als die letzten 400 Tage: Immer im Dienste Roms. Heute war ich einige Stunden bei Wagenrennen. Die Menschen erwarten ja, dass ihr Kaiser den Vorsitz bei Spielen führt, die er finanziert. Was Ihre Formulierung „das Staatsschiff auf Kurs halten" angeht, so ist das reichlich optimistisch. Passender wäre wohl: „es auf Kurs bringen". *Daran* arbeite ich seit meinem Regierungsantritt.

Die Finanzen scheinen aber doch wieder ganz in Ordnung zu sein, wenn Sie heute – und zu etlichen anderen Terminen – Spiele ausrichten. Die verursachen ja keine geringen Kosten.

Das können Sie laut sagen. Aber das ist beileibe kein Indikator für den Zustand der Staatsfinanzen. Die Spiele sind gewissermaßen eine Pflichtleistung, daran kann kein Kaiser sparen, auch wenn die Kassen leer sind. Das bekäme ihm nicht gut. Die Leute hätten kein Verständnis dafür, wenn an dieser Stelle gekürzt würde. Um es ganz klar zu sagen: Wir sind noch immer mächtig in den Miesen, auch wenn jetzt etwas Licht am Ende des Tunnels durchschimmert.

Die Lage war also mal schlechter.

Als ich die Kaiserwürde übernahm, habe ich einen Kassensturz machen lassen. Wissen Sie, was dabei herausgekommen ist?

Offenbar ein erschreckendes Defizit.

40 Milliarden brauchten wir damals kurzfristig, um die Staatspleite abzuwenden. Alle öffentlichen Kassen waren leer.

Die politischen Turbulenzen vor Ihrem Amtsantritt dürften dazu beigetragen haben: Vier Kaiser in einem Jahr – und bürgerkriegsähnliche Zustände.

Das hat in der Tat zu einem drastischen Einbruch bei den Steuereinnahmen geführt. Da sind bestimmte Abgaben gar nicht erhoben worden. Aber die eigentlichen Ursachen liegen tiefer. Mein Vorgänger Nero war, sagen wir: sehr ausgabenfreudig. Üppige Spiele, größte Freigebigkeit, großzügige Bauten – um von seinem bombastischen „Goldenen Haus“ ganz zu schweigen: Das hat ihm Pluspunkte bei vielen Menschen eingebracht, aber die allgemeine Staatskasse und den Fiscus, die Kasse des Kaisers, man muss schon sagen: ruiniert. Das Ergebnis sehen wir jetzt.

Wie packen Sie diese Herausforderung an?

Auf der Ausgabenseite ist wenig zu holen. Soldaten und Beamte müssen besoldet werden, bei vielen Projekten erwarten die Provinzen und Kommunen Zuschüsse, bei Naturkatastrophen gehören großzügige Soforthilfen und langfristige Aufbaugelder zum Katastrophenmanagement. Von den Spielen war bereits die Rede. Nein, wir müssen die Einnahmeseite stärken. Die öffentliche Hand braucht zusätzliche Gelder, um ihren vielen Verpflichtungen nachkommen zu können.

Also Steuererhöhungen?

Notfalls auch die. Ich kann das nicht völlig ausschließen, wohl wissend, wie unpopulär das ist. Mindestens die Provinzen werden wir stärker belasten müssen. Aber glauben Sie mir: Spaß macht mir das nicht.

Wo ist die Alternative?

Vorhandene Steuerquellen konsequenter ausschöpfen. Da liegt einiges im Argen. Bestimmte Steuern sind unter Kaiser Galba ausgesetzt worden. Das habe ich bereits korrigiert.

Was Ihnen den Ruf eingetragen hat, gierig zu sein.

Ich weiß! Aber ich kann damit leben. Oder besser: Ich *muss* damit leben.

Sie nehmen es nicht übel, wenn Sie als Raffke dargestellt werden?

Dass ich nicht nachtragend bin, ist, glaube ich, hinreichend bekannt. „Raffke“ gefällt mir nicht, weil ich ja nicht in die eigene Tasche wirtschafte, sondern versuche, die Staatseinnahmen zu erhöhen. Wenn das ein Raffke tut, gut, dann bin ich eben ein Raffke.

Ganz so selbstlos scheint es nicht zu sein, wenn wir das so offen ansprechen dürfen, wenn Angeklagte von Ihnen als oberstem Richter Freisprüche erkaufen können oder Sie, wie man munkelt, korrupte Beamte absichtlich auf hohe Posten berufen, um sie dann wegen Amtsmissbrauchs zu hohen Strafen verurteilen zu können.

Man muss den Schwamm, bevor man ihn auswringt, ordentlich tränken, nicht wahr? Aber im Ernst: Was Sie ansprechen, ist, wenn auch sehr verkürzt und polemisch dargestellt, im Prinzip schon eine Möglichkeit, den leeren Fiscus aufzufüllen – wobei Ihnen ja wohl klar sein dürfte, dass der Fiscus keineswegs mit meinem Privatvermögen identisch ist.

Sie bekennen sich also offen zu kreativen Formen der Steigerung des Steueraufkommens?

Das ist die Antwort auf die vielen kreativen Formen der Steuerverkürzung und -hinterziehung auf der Gegenseite. Schon Cicero hat mal formuliert, dass „die Steuern die Nerven des Staates“ seien. Er hat recht! Ich tue nichts anderes, als dieses Nervensystems des Staates funktionstüchtig und stabil zu halten.

Dabei lassen Sie sich einiges einfallen. Sie führen auch ziemlich exotische neue Steuern ein. Ihre neueste Idee: eine Steuer auf Urin. Muss das wirklich sein?

Genauso hat mein Sohn Titus darauf reagiert. Zunächst einmal: Jede neue Steuer stößt auf Widerstand. Selbst der vergöttlichte Augustus war davor nicht gefeit. Als er die – mittlerweile völlig akzeptierte – Erbschaftssteuer einführte, war das Geschrei groß. Riesenproteste! Augustus musste tricksen, um seinen Plan durchzusetzen. Zum zweiten: Kein Mensch regt sich darüber auf, wenn andere Handelsgüter besteuert werden: Wein, Öl, Sklaven. Und Sie wissen doch so gut wie ich, dass auch mit Urin schwunghafter Handel betrieben wird. Walker, Gerber und andere Handwerker benötigen ihn in großen Mengen. Das ist ein Rohstoff wie jeder andere. Wo ist das Anstößige, wenn auch Urin als Rohstoff und Handelsgut normal besteuert wird?

Einfach die Tatsache, dass er stinkt.

Was er, wenn er verarbeitet wird, übrigens nicht mehr tut. Wenn man ihn lange genug stehen lässt, verflüchtigt sich der unangenehme Geruch.

Haben Sie das Ihrem Sohn Titus auch erläutert?

Ich habe es ihm auf andere Weise klargemacht, dass es sich nicht um eine anrüchige Steuer handelt. Ich habe ihm, ohne dass er die Quelle kannte, einige Münzen aus den ersten Urinsteuer-Erträgen unter die Nase gehalten und ihn gefragt, ob er am Geruch Anstoß nehme. Er konnte keinen unangenehmen Geruch feststellen. „Und doch kommt das Geld vom Urin!“, habe ich ihn aufgeklärt.

pecunia non olet, „Geld stinkt nicht". Ist das auch im übertragenen Sinn die Botschaft Vespasians als oberster Kassenwart des Römischen Reiches?

Zumindest im Hinblick auf den Finanzbedarf der öffentlichen Hand wäre das keine schlechte Devise.

Wir bedanken uns für diese aufschlussreiche Lektion in Kreativpolitik und wünschen Ihnen eine gute Nacht. Die Nachtruhe ist ja zum Glück immer noch steuerfrei.

Ach ja? Da bringen Sie mich auf einen Gedanken. Mal sehen, was Titus davon hält!

„Ich liebe Schauspieler!“

UMMIDIA QUADRATILLA, LEBENSLUSTIGE SENIORIN UND SPONSORIN

In seinem Brief VII 24 liefert der Jüngere Plinius ein kleines Porträt der reichen Aristokratin Ummidia Quadratilla (ca. 28 bis ca. 107 n. Chr.). Es dient wesentlich als Folie für das deutlich positivere Bild, das er von deren Enkel Quadratus zeichnet. Ummidia ist ausweislich einer Inschrift als Sponsorin in ihrer Heimatstadt Casina hervorgetreten (CIL X 5183=Dessau ILS 5628).

Gut gelaunt und lebenslustig – den Eindruck machen Sie auf uns, verehrte Quadratilla. Wie war Ihr Tag?

Danke für das Kompliment! Sie haben offenbar nicht damit gerechnet, dass eine 78-Jährige noch so gut beieinander ist. Es stimmt, ich fühle mich frisch, jedenfalls gemessen an meinem Alter. Und ich hatte einen erlebnisreichen Tag. Bevor Sie kamen, hatte ich Besuch aus meiner Heimatstadt Casina – eine schöne Abwechslung.

Verwandte?

Nein, zwei hohe Herren aus dem dortigen Stadtrat. Entzückende Kerle, das muss ich sagen, nicht solche gravitätisch auftretenden Selbstdarsteller und spießigen Langeweiler, sondern humorvolle, elegante Männer mit guten Manieren – so wie Sie. Die wissen, was eine Dame hören will – Komplimente.

Die werden Sie aber nicht nur aufgesucht haben, um Ihnen Komplimente zu machen?

Warum eigentlich nicht? Das wäre doch ein völlig ausreichender Grund. – Spaß beiseite, Sie haben natürlich recht. Die Herren Stadträte waren in offizieller Mission da: Um sich erneut im Namen der Kommune zu bedanken und mir vom Erfolg der letzten Spielperiode zu berichten.

Danken wofür? Haben Sie dort *ludi* finanziert?

Deutlich mehr. Ich habe der Stadt vor ein paar Jahren ein Amphitheater spendiert. Und neulich hatten sie dort Gladiatorenspiele, die nach Aussage der Stadtväter von „hauptstädtischer Qualität“ waren. Na ja. In der Provinz übertreibt man da gern mal. Ich habe allerdings auch einen ordentlichen Zuschuss gewährt, damit die sich gut ausgebildete Gladiatoren leisten konnten. Ja, und für all das haben sie noch mal „Danke schön!“ gesagt.

Ein ganzes Amphitheater gesponsert – das ist ja auch wahrhaftig etwas zum Danke-Sagen.

Ach, wissen Sie, ich habe ja das Geld. Ins Jenseits mitnehmen kann ich es eh nicht. Und für meinen Enkel und meine Enkelin bleibt trotzdem noch jede Menge übrig.

Sie schätzen Ihre Landsleute so sehr, dass Sie ihnen ein eigenes Amphitheater hinsetzen?

Übrigens auch noch einen Tempel. Die Götter sollen nicht darben, wenn sich die Menschen vergnügen. – Was heißt „schätzen"? Ich mag sie, das schon, und ich bin dort groß geworden und besitze noch einige Güter in der Gegend. Da gibt man seinem Geburtsort schon gerne mal etwas zurück. Im Übrigen gehört das Sponsoring ja zum guten Ton.

Inwiefern?

Sie wissen doch sicher, wie schlecht es den Kommunen geht. Die sind chronisch unterfinanziert. Manche Projekte können die alleine aus der Stadtkasse gar nicht stemmen. Da ist es notwendig und eine gute Tradition, dass Sponsoren aus der gesellschaftlichen Elite einspringen.

Das wird in der Tat erwartet, aber doch nicht in solch einem Ausmaß: Amphitheater und Tempel von einer einzigen Stifterin finanziert – diese Großzügigkeit ist selten.

Weiß ich nicht, ich kenne auch andere, die sich nicht lumpen lassen. Und außerdem tut man sich ja auch selbst etwas Gutes damit.

Sie meinen den Dank, den die beiden Herren Ihnen jetzt noch mal im Namen der Gemeinde abgestattet haben?

Klar, tut doch gut – erst recht, wenn die zwei so charmante Kerle schicken. Aber das ist ja nicht alles. Ich habe natürlich dafür gesorgt, dass die Bauinschriften an prominenter Stelle angebracht wurden und mein Name nicht im „Kleingedruckten" verschwindet. Ich gebe zu: *gloria* ist mir wichtig. Nachruhm möglichst lange nach dem Tode – da bin ich ganz römisch. Und nichts ist so haltbar wie Stein.

Außer Papyrus – die Erwähnung in Geschichtswerken berühmter Autoren.

Ich bin realistisch genug, um einzusehen: Da hat Quadratilla wenig zu bieten, um sich in den Annalen eines prominenten Historikers wiederzufinden.

Warten Sie mal ab!

Mit dem Abwarten ist das bei einer 78-Jährigen so eine Sache. Ich habe vielleicht noch ein paar Jahre. Da ist es höchste Zeit, an den Nachruhm zu denken – und die Medien dafür mit realistischem Blick auszusuchen.

Hatten die beiden charmanten Stadträte da auch noch eine einschlägige Idee?

Eine? Die hatten virtuelle Listen von öffentlichen Projekten dabei, die sie allein nicht finanzieren können. Straßen, Thermen, Wasserleitungen und und und. Aber sie haben das sehr diskret angesprochen. Keine fordernden Drücker-Typen, wie man das manchmal von anderen Kommunen hört, ausgesprochen zurückhaltend. Sympathisch. Mal sehen, vielleicht steige ich in ein weiteres Bauprojekt ein. Oder auch eine Stiftung zur dauerhaften Finanzierung ordentlicher Spiele.

Was halten Sie von einer Investition in Bildung? Eine Art Schulstiftung, die Lehrergehälter übernimmt, sodass die Schulgebühren sinken können?

Damit liegt mir ein guter Freund meines Enkels seit Jahren in den Ohren. Ein gewisser Plinius, tüchtiger Mann, hervorragender Rechtsanwalt, aber kein Freund der Lebensfreude, wenn Sie verstehen, was ich meine. Nicht so mein Typ, kein Ratgeber für mich. Zu seriös!

Also keine Schulstiftung?

Ich werde den Großteil meines Vermögens meinem Enkel Quadratus vermachen. Der versteht sich hervorragend mit Plinius. Vielleicht greift *er* die Idee auf – was ihn im Übrigen nicht arm machen wird.

Das können wir uns denken, wenn wir uns hier umschauen. Prächtige Villa, die Sie hier in einer der besten Wohnlagen Roms auf dem Aventin bewohnen! Die dürfte allein mehrere Millionen wert sein.

Kann sein, interessiert mich aber nicht. Wozu auch? Sicher ist: Mein Enkel wird sich freuen, wenn ich nicht mehr bin. Zwei Drittel dieses schönen Hauses werden ihm dann gehören.

Ihr Enkel lebt hier schon gemeinsam mit Ihnen?

Ich würde eher sagen: Gemeinsam mit seiner Frau in diesem Haus. Ich habe Quadratus hier aufgezogen, nachdem seine Eltern gestorben waren. Er ist jetzt 22 Jahre alt, ein zielstrebiger junger Mann, der seinen Weg gehen wird.

Sie gelten als, sagen wir: sehr liberal. Haben Sie Ihren Enkel entsprechend großzügig erzogen?

Ich fürchte, da muss ich Sie schrecklich enttäuschen. Es war der Wunsch seiner Eltern, dass er nach altem Brauch erzogen würde: streng, unnachgiebig, mit wenig persönlicher Freiheit. Ich habe diesen Wunsch respektiert. Quadratus hatte nicht viele Freiheiten, er ist sozusagen in altrömischem Geiste erzogen worden. Von Pädagogen und Lehrern der alten Schule, verstehen Sie? Was mir persönlich völlig widerstrebte. Ich hätte ihn gern öfter lachen hören, ihn über die Stränge schlagen sehen, hätte ihn gern ab und zu von Sklaven aus irgendwelchen Spelunken oder Bordellen herausholen lassen. Nichts davon! Ein total angepasster junger Mann! Man könnte sagen: ein Spießer!

Sie sprechen von Ihrem Enkel!

Ich meine es gar nicht böse. Ich beschreibe es nur, und ich wundere mich, dass das ausgerechnet in meinem Hause funktioniert hat. Wobei ich noch mal sage: Ich hab's ja so gewollt, weil seine Eltern es so gewollt haben.

Woran machen Sie die Diskrepanz zu Ihrem eigenen Lebensstil fest?

Am anschaulichsten wird das im Zusammenhang mit meiner geliebten privaten Pantomimen-Truppe.

Schauspieler, die Sie auf eigene Kosten unterhalten?

Genauso ist es. Sie treten öffentlich auf, aber sie geben mir jederzeit sozusagen Heimvorstellungen, wenn ich das wünsche. Und ich wünsche es ein paarmal im Monat! In meinem Alter ist es mühselig, das öffentliche Theater zu besuchen. Und als richtig lustig habe *ich* das nie empfunden, dass wir Frauen auf die obersten Ränge verbannt sind. Da sehen Sie nicht nur schlecht, sondern sind auch akustisch zweitklassig. *Die* Diskriminierung war ich leid, und so habe ich eben mein privates Ensemble gegründet – wunderbare Künstler mit klasse Körpern und großartiger Körperbeherrschung! Eine Augenweide!

Was führt diese Truppe auf, wenn sie Ihnen eine Privatvorstellung gibt?

Halten Sie sich fest: Das gleiche obszöne Zeug, das sie auf der öffentlichen Bühne aufführen. Die gleichen Stücke mit der gleichen sinnlichen Ausstrahlung wie dort. Die gleiche fabelhafte Kunst! Ich liebe sie – und kriege nicht genug von ihnen.

Eine Vorliebe, die Ihr Enkel nicht teilt?

Da haben Sie recht. Und das ist der springende Punkt, an dem die Diskrepanz deutlich wird, über die wir gesprochen haben. Ich habe Quadratus allerdings auch bewusst davon ferngehalten. Bis heute hat er keine einzige Aufführung meiner Pantomimen besucht. Und das ist auch gut und richtig so.

Obwohl er seit Jahren erwachsen ist – und ein verheirateter Mann?

Ich ahne – nein, ich weiß –, dass er die Freizügigkeit der Bühne nicht schätzt, dass er das für eine dekadente, unanständige, ja letztlich standesunwürdige Unterhaltung hält und über diese Liebhaberei seiner Großmutter wenig glücklich ist. Er wird übrigens von dem vorhin erwähnten Plinius in dieser Einschätzung bestätigt – auch der, höre ich, kriegt den Kopf gar nicht so schnell geschüttelt, wie er meinen „Lebenswandel" missbilligt.

Was Sie aber nicht besonders irritiert?

Das wäre ja noch schöner. Wissen Sie, was meine zweite bevorzugte Freizeitbeschäftigung ist? Auch da üben sich mein Enkel und sein Freund Plinius in der Disziplin des Stirnrunzelns.

Verraten Sie es uns.

Brettspiele.

Was ist so schlimm daran?

Nicht *ladylike* genug. Die Herren hätten es lieber, wenn die Damen der Oberschicht sich furchtbar langweilten. Sie geben ja durchaus zu, dass die „vielen Mußestunden des weiblichen Geschlechts" zum Problem werden können. Und haben recht damit: Jagd, Sport, amouröse Abenteuer, ausgelassene Partys – das alles ist uns verwehrt. Sollen wir von morgens bis abends weben und spinnen? Wenn das heute noch einer verlangt, fragt man sich doch, wer da eigentlich spinnt.

Sie plädieren gewissermaßen für ein Recht auf Lebenslust – auch für Frauen der Oberschicht?

Wenn Sie es so ausdrücken wollen: ja! Und ich bekenne auch, dass ich beim Brettspiel Geld setze. Alles andere ist doch fade.

Aber das Gesetz erlaubt nur das „Fade".

Wissen Sie, dass schon Kaiser Augustus ein passionierter Spieler gewesen ist – und zwar einer, der stets mit Geldeinsatz gespielt hat?

Sie stellen sich mit dem vergöttlichten Caesar Augustus auf eine Stufe?

Ach was. Hören Sie doch mit der Heuchelei auf! Ganz Rom spielt um Geld – in den Kaschemmen der einfachen Leute genauso wie in den Palästen meiner Standesgenossen. Wir sind alle Zocker.

Das bringt uns spontan auf einen weiteren Punkt „freizügigen“ Lebens. Das traditionelle Weinverbot für Frauen gehört Ihrer Meinung nach vermutlich auch auf den moralischen Müllhaufen?

Wo leben *Sie* denn? Kennen Sie irgendjemanden, der diesen archaischen Quatsch noch ernst nimmt? Ich jedenfalls nicht. *Die* Zeiten sind nun wirklich vorbei.

Was tun Sie, wenn Ihr konservativer Herr Enkelsohn Sie eines Tages auf den Mund küsst, um zu testen, ob seine Oma sich an das im juristischen Sinne nie aufgehobene Weinverbot hält? Das Recht dazu hat ja jeder männliche Verwandte.

Ich bin zuversichtlich, dass er das nie täte. Und wenn doch, bisse ich ihn kräftig in seine Lippe. Da könnte er dann empört zu seinem Freund Plinius laufen und mit ihm die Sittenverderbnis der Alten bejammern.

Wir wünschen Ihnen in diesem Sinne noch viele erlebnisreiche und gesunde Jahre, Ummidia Quadratilla.

Ich danke Ihnen. Lassen Sie uns ein Schlückchen ungemischten Wein darauf trinken. Und morgen kommen Sie wieder. Da führt mein Pantomimen-Ensemble eine Neuinszenierung auf: *Oedipus Rex* von einem aufstrebenden jungen Autor namens Gaudium. Spaß ist garantiert. Oder auch, wie mein Enkel vornehmer formulieren würde: Freud.

„Die Seuche des christlichen Aberglaubens"
GAIUS PLINIUS SECUNDUS DER JÜNGERE, STATTHALTER

C. Plinius Secundus (61 bis 113 n. Chr.) stammte aus Como; er war der Neffe des Älteren Plinius, der beim Ausbruch des Vesuvs ums Leben kam. Plinius war Anwalt, Literat und hoher Verwaltungsbeamter. Von 111 bis 113 war er Kaiserlicher Legat in der Provinz Bithynien und Pontus (Kleinasien). Für das literarische und gesellschaftliche Leben im Rom der Kaiserzeit sind seine in neun Büchern publizierten Briefe eine wichtige Quelle. Das 10. Buch enthält den Briefwechsel zwischen dem Statthalter Plinius und seinem Kaiser Trajan, darunter die berühmten Christenbriefe X 96 und 97.

Es ist später Abend und wir finden Sie noch immer am Schreibtisch sitzend vor. Wie war Ihr Tag, Gaius Plinius?

Wenn ich es positiv ausdrücken will: abwechslungsreich; wenn ich es neutral formulieren soll: arbeitsreich; wenn ich es subjektiv bewerte: nicht besonders ertragreich.

Viel Arbeit, aber wenig Ertrag. Das hört sich bei einer Tätigkeit, in der es nicht ums Geldverdienen geht, nach einer gehörigen Portion Frust an.

So möchte ich das nicht sagen. Es ist ja sehr ehrenvoll, dass der Kaiser mich mit dieser Sondermission im Range eines Statthalters betraut hat. da weiß man schon bei Antritt des Postens, welche Verantwortung man trägt und dass man nicht nur positive Erfahrungen machen wird. Und das schlägt sich dann konkret in solchen Tagen wie dem heutigen nieder. Da erleben Sie dann, wie manches, das Sie auf den Weg gebracht haben, eben nicht so läuft wie erhofft.

Was hat Ihnen die Laune heute so verhagelt?

Wie Sie das ausdrücken, entspricht es nicht der diplomatischen Diktion. Bei einem vom Kaiser ernannten Statthalter kommt es nicht auf dessen Laune an.

Na gut, der kaiserliche Hof hört immer ein bisschen mit. Wir verstehen Ihre verbale Zurückhaltung. Aber vielleicht können Sie zwei, drei Beispiele dafür anführen, was Ihnen heute – sollen wir formulieren: wider Erwarten? – widerfahren ist.

Sie haben vorhin schon bemerkt, dass ich noch am Schreibtisch sitze. Das hier sind alles Eingaben, Anträge, Beschwerden, Anfragen, Bitten von Privatpersonen und offiziellen Stellen. Dass sich Private an den

Statthalter wenden, ist in Ordnung, auch, dass Vertreter der Kommunen mich anschreiben. Aber dass sich Stadträte und Magistrate mit Anliegen an den Statthalter wenden, die den grundsätzlichen, bei Ankunft in der Provinz deutlich formulierten Richtlinien meiner Provinzialverwaltung zuwiderlaufen, das müsste eigentlich nicht sein. Meine hiesigen Beamten sagen mir allerdings, dass das hier in Kleinasien nicht ganz ungewöhnlich sei. Die Herren Kommunalpolitiker versuchen es immer wieder – auch dann noch, wenn der Beauftragte des Kaisers schon abgewinkt hat. Und schreiben Eingabe um Eingabe.

Was versuchen sie?

Den Kurs strikter Sparsamkeit zu unterlaufen. Alle Städte hier sind völlig überschuldet. Die Haushaltslage und -disziplin sind abenteuerlich, um keine stärkeren Ausdrücke zu verwenden. Schauen Sie sich die Investitionsruinen in einigen Städten an! Wasserleitungen, die einfach im Nirgendwo enden! Und trotzdem planen die Stadträte auch wegen der heftigen Konkurrenz der Kommunen untereinander immer weitere Prestigebauten: Thermen und Aquädukte, Brunnenhäuser, Gymnasien und Tempel.

Und Sie haben die undankbare Aufgabe, alle diese Anträge abzulehnen und damit nicht gerade besondere Popularität einzuheimsen.

Richtig. Zumal, wenn man es da auch noch mit sehr hartnäckigen Vernetzungen, man könnte auch sagen: Seilschaften zu tun hat, die sich gegenseitig Aufträge aus öffentlichen Kassen zuschieben. Natürlich lehne ich nicht alle Projekte ab, das eine oder andere genehmige ich oder unterstütze es zumindest und lege es der kaiserlichen Verwaltung zur Entscheidung vor – womit man sich in Rom auch nicht viele Freunde macht. Die Reskripte lassen jedenfalls nicht immer Verständnis für die schwierige Lage eines Kaiserlichen Gesandten vor Ort erkennen.

Die klassische Sandwich-Position! Um die reißt sich keiner. Dann gibt es, hören wir, auch massiven Ärger mit einem relativ neuen Kult, der einerseits eine Menge Anhänger an sich bindet, aber andererseits viele Leute gegen sich aufbringt.

Die sogenannten Christen, ein übler, maßloser Aberglaube. Der hat mir in der Tat in der letzten Zeit viel Kopfzerbrechen verursacht und mich eine Menge Energie gekostet. Diese Seuche ist ja ein vergleichsweise junges Phänomen, wie Sie richtig sagen. Es gibt deshalb noch keine eindeutige Verwaltungs- und Rechtsprechungspraxis, keine klare Strategie, wie man sie in den Griff kriegen kann. Ich persönlich hatte noch nie, bevor ich hier in die Provinz kam, einem Christenprozess beigewohnt, musste aber jetzt relativ zügig entscheiden.

Wieso „musste"? Wenn Sie als Statthalter keinen Grund zum Eingreifen sehen, können Sie die Sache doch liegen lassen. Vielleicht erledigt sie sich von selbst.

Grundsätzlich mögen Sie recht haben. Der magistratische Ermessensspielraum ist ziemlich weit gefasst. Andererseits können Sie Unruhe in der Bevölkerung nicht einfach ignorieren. Da gärt etwas, das nach Geheimbündelei riecht. Und wenn Sie mit entsprechenden Beschwerden und Anzeigen konfrontiert werden, müssen Sie handeln. Erst recht, wo hier in Kleinasien so manches unter der Oberfläche zu brodeln scheint und ich strikte Anweisung der Zentrale habe, undurchsichtige Vereinigungen streng zu kontrollieren. In einem Fall hat die Verwaltung in Rom sogar einen von mir unterstützten Antrag eines Handwerkercollegiums abgelehnt, eine freiwillige Feuerwehr aufzubauen. Wenn Rom so genau hinschaut, kann Plinius die potentielle Gefahr, die von den Christen ausgeht, nicht ignorieren.

Verständlich. Aber was wird den Christen von den Anzeigeerstattern eigentlich konkret vorgeworfen?

Dass sie sich systematisch isolieren, dass sie sehr intensiv auf die Regeln ihres Kultes hin leben, aber am normalen bürgerlichen Leben kaum teilnehmen. Dass sie nicht zu staatlichen Opfern und Opfermahlzeiten erscheinen, nicht zu unseren Göttern beten, sondern nur ihren Gott verehren, dass sie nicht einmal zu den öffentlichen Spielen gehen, weil die letztlich eine Ehrerweisung für unsere Götter sind, dass sie dem Kaiser keine göttlichen Ehren erweisen und aus ihrem Kult ein großes Geheimnis machen. Sie treffen sich schon vor Morgengrauen, trinken angeblich Blut und sollen sogar, so jedenfalls die Anschuldigung mancher Anzeigeerstatter, Menschenfleisch verspeisen. Was sicher scheint, ist, dass sie über eine fest gefügte Organisationsstruktur verfügen, eigene Priester und Beamte haben, eine Gemeinschaftskasse unterhalten und sich gegenseitig sehr intensiv helfen. Das alles wirkt verdächtig – ein Staat im Staate? Geheimbünde dürfen und werden wir nicht zulassen!

Manche Zeitgenossen sind nur deshalb argwöhnisch, weil sich die Christen absondern, und fordern Sie zum Eingreifen auf?

Ja, denen ist es schlicht unheimlich und unangenehm, dass die Christen im städtischen Alltag einfach nicht mitmachen. Die empfinden das als eine Art Beleidigung. Daneben gibt es andere, die sich um ihre Einkünfte Sorgen machen, wenn der neue Kult weiter an Boden gewinnen sollte: die Priester und Verwalter der Tempel natürlich, aber auch die Bauern, die Opfertiere züchten, Lehrer, die sich sorgen, dass Christen ihre Kinder nicht zur Schule schicken und so weiter. Manche Reaktionen muten hysterisch an. Jedenfalls wirkt allein der Name „Christen“ auf manche wie ein rotes Tuch.

Sie sprechen von Spekulationen und Verdächtigungen, aber von nachgewiesenen Verbrechen haben Sie jetzt nichts gesagt.

Es gibt auch keine!

Trotzdem führen Sie Ermittlungen durch?

Nicht nur Ermittlungen. Wenn sich der Verdacht erhärtet, gibt es auch Verurteilungen bis hin zur Todesstrafe. Dafür reicht es ja völlig aus, dass die Christen die öffentliche Ordnung und Moral unterminieren und ihre Mitbürger nachhaltig verunsichern. Insofern kann allein schon die Zugehörigkeit zu diesem potentiell zersetzenden Kult als Straftatbestand gelten. Gegen solche verdächtigen Elemente zu ermitteln ist kein Amtsmissbrauch, sondern liegt im Rahmen pflichtgemäßen Ermessens eines Statthalters. Das Problem ist wie gesagt, dass wir hier weitgehend Neuland betreten, dass es keine allgemeine Regel oder Anweisung gibt, wie mit diesen abergläubischen Störenfrieden umzugehen ist.

Sie werden sich aber für ein bestimmtes Prozedere entschieden haben?

Ja, man kann das angesichts der Vielzahl der Beschwerden und Denunziationen – viele übrigens anonym – nicht auf die lange Bank schieben. Wer bei mir angezeigt wird, erhält eine Vorladung. Darauf folgt die Befragung. Heute Vormittag zum Beispiel waren es fünf Personen. „Bist du Christ?“, frage ich. Verneint der Angeschuldigte, so kann er gehen – in der Regel nach einem Test, bei dem er unsere Götter anruft, dem Bild unseres Kaisers opfert und Christus verflucht. Das mache kein echter Christ, wird mir versichert.

Was ist mit denen, die sich auf Ihre Frage zum christlichen Aberglauben bekennen?

Die frage ich ein zweites und drittes Mal. Dabei mache ich ihnen klar, dass ihnen bei einer positiven Antwort die Todesstrafe droht. Damit wissen sie, was von ihnen als Bürgern dieses Staates erwartet wird.

Was passiert, wenn sie sich dennoch zu ihrem Christus bekennen?

Dann lasse ich sie abführen. Und verurteile sie wegen Halsstarrigkeit und Ungehorsams. Diese Art von Widerspenstigkeit reicht völlig aus dafür. Zumal sich ja mindestens implizit auch das *crimen laesae maiestatis* damit verbindet, ein schweres Verbrechen. Wer Christus huldigt, versagt unserem Kaiser den Respekt und die kultische Verehrung. Das ist Majestätsbeleidigung!

Werden alle gleich behandelt, die sich in Ihren Augen schuldig gemacht haben?

Nein, das geht aufgrund grundsätzlicher Rechtsvorschriften nicht. Römische Bürger haben das Appellationsrecht gegenüber dem Kaiser. Sie werden nach Rom überstellt und müssen sich dort vor Gericht verantworten. Die anderen urteilt der Statthalter ab.

Wie gehen Sie mit denen um, die einerseits zugeben, früher einmal Christen gewesen zu sein, andererseits aber behaupten, sie hätten den Kult mittlerweile verlassen und bereuten ihren Fehler?

Das ist die schwierigste Fallgruppe. Denn im Grunde haben sie sich ja schuldig gemacht. Nur weil sich jemand von seinem früheren Verbrechen distanziert, kommt er ja nicht automatisch ungeschoren davon. Bei diesen Personen habe ich streng überprüfen lassen, ob man ihnen zusätzlich einen Raub, einen Diebstahl, einen Meineid oder ein anderes kriminelles Delikt nachweisen kann.

Mit welchem Ergebnis?

Dass ihnen nicht das Geringste zur Last gelegt werden konnte – außer eben der Teilnahme an den kultischen Zusammenkünften, die ich jetzt verboten habe. Diese Leute sind also in den Schoß des Rechts zurückgekehrt. Aber es ist natürlich unbefriedigend, sie einfach so laufen zu lassen, nachdem sie sozusagen christlicher Umtriebe überführt worden sind.

Aber letztlich müssen Sie entscheiden.

Das kann ich jetzt. Ich hatte zunächst alle einschlägigen Prozesse ausgesetzt und in Rom nachgefragt, wie zu verfahren sei. Das kaiserliche Reskript ist heute am frühen Nachmittag von einem Eilboten überbracht worden. Es bestätigt im Wesentlichen meine Praxis. Wer seinem falschen Glauben abschwört und Reue zeigt, findet Gnade. Wer sich zu Christus bekennt, wird bestraft.

Sie sagen, „im Wesentlichen“ sei Ihr Vorgehen gegen die Christen vom Kaiserhof bestätigt worden. Das klingt, als wenn Trajan nicht in allen Punkten mit Ihnen übereinstimmte.

Im Grundsatz schon. Wir sind uns einig darin, einen relativ gnädigen Kurs zu fahren. Dazu gehört auch, dass nicht von Amts wegen nach

Christen gefahndet werden soll. *conquirendi non sunt*, steht ausdrücklich im Reskript, „es soll nicht nach ihnen gesucht werden". Das entspricht der erprobten Milde und Großzügigkeit unseres Herrn Trajan.

Aber *einen* Dissens muss es doch geben, wenn Sie erklärtermaßen nur „im Wesentlichen" übereinstimmen.

Der Kaiser will nicht, dass anonyme Anzeigen Berücksichtigung finden. Das gebe ein schlechtes Beispiel, meint er, und passe nicht in unsere Zeit. *nec nostri saeculi est*, glaubt der Hof als Begründung dafür angeben zu sollen.

Während *Sie* anonymen Anzeigen durchaus nachgegangen sind?

Ich bin so verfahren, ja. Aber ich war es immerhin auch, der die ganze Sache dem Kaiser vorgelegt und um eindeutige Verfahrensvorschriften im Kampf gegen dieses Christenunwesen gebeten hat.

Aber Sie haben schon von Rom einen ordentlichen Rüffel bekommen. Daher vielleicht auch Ihre nicht ganz so gute Stimmung?

Ich denke nicht in solchen Kategorien. Erst recht nicht, wenn ich im Reskript lese, dass sich in der Christensache „insgesamt nichts festsetzen lässt, was als klar umrissene Vorschrift dienen könnte". Da hätte sich manch ein anderer vielleicht eine klarere, eindeutigere Antwort aus Rom gewünscht.

Kritisieren Sie da so etwas wie einen Schlingerkurs der Zentralregierung? Vermissen Sie Rückendeckung im Kampf gegen die, wie Sie vorhin formuliert haben, „Seuche des maßlosen Aberglaubens"?

Da interpretieren Sie mich aber völlig falsch. Ich käme nie auf die Idee, mich gegen den Kaiser zu stellen, den ich in meiner Korrespondenz mit voller Überzeugung als *dominus* anspreche. Mangelnde Loyalität eines hohen Beamten gegenüber seinem Herrn? Da kann ich nur sagen: *nec nostri saeculi est!*

WENIGER PROMINENTE

- LUCIUS ALBIUS CRESCENS
- LUCIUS ORBILIUS PUPILLUS
- AURELIA NAIS
- LUCIUS TREBIUS FIDUS
- URSUS
- VACERRA
- SPURIUS SENTINA
- VALERIA VERECUNDA
- TRYPHON
- MARCUS ANTONIUS NIGER
- GAIUS APPULEIUS DIOCLES
- PYLADES
- IRIS
- BULLA FELIX
- LUCIUS TOSSIUS AMPHIO

„Gähnen im Wartezimmer"
LUCIUS ALBIUS CRESCENS, KLIENT

Crescens ist eine fiktive Person; er könnte aber im 1. Jahrhundert n. Chr. gelebt haben.

Sie scheinen es eilig zu haben, Lucius Albius. Dürfen wir Sie trotzdem kurz sprechen? Wir führen Gespräche zum Thema: Wie war Ihr Tag?

Der ist doch eben erst in der dritten Stunde!

Sie machen aber auf uns den Eindruck, schon ordentlich geschuftet zu haben. Das Gesicht schweißüberströmt, und die Toga ist auch nicht mehr ganz trocken. Ist Ihr Tag schon gelaufen?

Die verdammte Hitze jetzt schon am Morgen! Für Mitte Juli doch ziemlich ungewöhnlich. Und die – entschuldigen Sie! – verdammte Toga, die heizt einem zusätzlich ganz schön ein.

Und ist zudem recht ungemütlich zu tragen. Warum sind Sie überhaupt so fein gewandet? Auf dem Wege zum Forum Romanum?

Nein, mein Blumen- und Kranzladen liegt zwar nahe an der oberen Heiligen Straße, aber ich muss das Forum nicht überqueren. Mein vornehmer Aufzug ist keine Frage des Wohin, sondern des Woher.

Und das wäre?

Ich komme gerade von der morgendlichen Begrüßung meines Patrons. Sie wissen ja, für Klienten gibt's nur *eine* Kleiderordnung bei der Gelegenheit. Und die heißt Toga! Im Laden liegt die Tunica schon bereit.

Halten Sie das noch für zeitgemäß, dass sich die armen Klienten in aller Herrgottsfrühe diese ganze komplizierte Togawickelei antun und sich dann auch noch im Morgengrauen durch Wind und Wetter zum Haus des *patronus* abhetzen müssen, nur um ihm einen guten Morgen zu wünschen?

Sie werden staunen: Ja, so lästig das manchmal ist. Man gewöhnt sich übrigens daran. Morgen-Routine. Wenn Sie das jeden Tag machen, fällt es Ihnen leichter. Aber es ist notwendig. Denn der äußere Aufzug ist Ausdruck jenes Respekts, den der Patron von seinem Klienten erwarten darf. Man kann es ja ganz offen sagen: Der hohe Herr will mit seiner Klientenschar Eindruck machen, will sich selbst und seinen Standesgenossen seine gesellschaftliche Stellung demonstrieren. Glauben Sie, dass das mit einer Horde von Strauchdieben oder jedenfalls so Angezogenen funktioniert? Wer nimmt denn so etwas ernst?

Dann wird diese Kleiderordnung auch kontrolliert?

Klar, der *ianitor* guckt sich alle genau an, die durch „seine“ Tür hineinwollen. Schmuddelige Toga, ausgelatschte Schuhe, Körpergeruch oder schmieriges Aussehen – solche Typen haben keine Chance. Die bleiben draußen.

Und kommen auch nicht wieder?

Bei uns nicht. Anderswo vielleicht schon. Manche sind da hartnäckig, besonders wenn ein *patronus* als spendabel gilt und mehr auf Masse als auf Klasse setzt. Kommt aber bei meinem Marcus Gavius überhaupt nicht in Frage. Der ist knallhart, was die Qualität seiner Klientenschaft angeht: Solide, seriöse *cives Romani* – das ist das Minimum, gerne natürlich auch Angehörige der Oberschicht. Aber umgekehrt weiß er auch, was er an uns hat. Der ist fair zu seinen Leuten. *Do, ut des,* verstehen Sie?

Da hört man über andere *patroni* so manches andere. Schikanen gegenüber den „niederen Freunden“ scheinen vielfach an der Tagesordnung.

Das kann ich aus vielen Gesprächen, aber auch aus eigenem Erleben nur bestätigen. Bis vor ein paar Jahren war ich selbst Klient bei einem Ritter. Der war etliche Millionen schwer, einer der reichsten Unternehmer Roms. Aber Manieren? Keine Spur. Der behandelte manche Klienten wie Fußabtreter. Nach zwei Jahren war ich weg von dem, das waren zwei Jahre zu viel.

Kennen wir den? Und können Sie Einzelheiten in Sachen sozialer Kompetenz oder eher Inkompetenz schildern?

Der Name tut nichts zur Sache. Den Mann gibt's ja noch ... Zum Umgang mit Klienten nur so viel: Auch im Winter ließ er uns schon vor Tagesanbruch anmarschieren, die Haustür blieb aber so lange zu, bis der Herr geruhte aufzustehen. Jede Menge Gedränge und Geschubse draußen, weil jeder den besten Startplatz haben wollte, Frieren inbegriffen. Dutzende Klienten brüllten einander an, schimpften herum, manchmal ging's sogar mit den Fäusten zur Sache. Schrecklich, sage ich Ihnen.

Aber das war doch eher die Schuld Ihrer Mitklienten, dass es zu solchen unschönen Szenen kam.

Meinen Sie? Nein, ein verantwortungsvoller Patron lässt das alles durch sein Hauspersonal ordnen, er lässt die Leute frühzeitig ins Haus und verteilt sie dort auf verschiedene Räume, meinetwegen auch „Wartezimmer“. Und vor allem kommt er dann auch wirklich und schickt die ganze Gesellschaft nicht einfach ohne Erklärung wieder nach Hause.

Oder, fast noch schlimmer, lässt nicht ausrichten, er habe heute keine Lust auf Klienten. Oder wenn er sich denn herablässt zu erscheinen, erwidert er den Morgengruß nicht – mit demonstrativem Desinteresse, Gähnen oder völliger Regungslosigkeit. Und unterbindet es rigoros, dass seine Sklaven Klienten nur gegen ein Bestechungsgeld zu ihm vorlassen. Und, und, und – ich will die Demütigungen gar nicht alle aufzählen, die sich manche Herren ausdenken, um Selbstwertgefühl zu tanken.

Aber jetzt sind Sie gewissermaßen in guten Händen?

Marcus Gavius ist ein ganz anderer Mensch. Eine wirkliche Persönlichkeit. Alter Adel, umgänglich, zugewandt. Wenn man ein Anliegen hat, nimmt er sich Zeit, hört zu und hilft, übrigens vielfach hinter den Kulissen. Er kennt viele einflussreiche Leute, und da regelt sich manches durch ein Gespräch schneller und lautloser als durch einen Prozess. Von juristischen Auseinandersetzungen hält er wenig, das lässt er allzu forsche Klienten auch deutlich wissen.

Bei einer *salutatio* in seinem Haus herrscht kein Gedränge? Wir sahen vorhin mit Ihnen zahlreiche Männer aus seiner Villa kommen.

Ganz können Sie das bei 80, 90 Klienten jeden Morgen nicht vermeiden. Aber es geht sehr geregelt und gesittet zu. Dass Senatoren bei der Aufwartung Vorrang haben, muss man hinnehmen, selbst wenn sie später kommen als man selbst. Aber sonst geht es nach der Reihenfolge. Wer früh da ist, darf den Hausherrn früh begrüßen.

Gibt's eigentlich auch weibliche Klienten? Und lässt man denen den Vortritt?

Im Kaiserhaus gibt es zwar einige weibliche *patronae*, aber umgekehrt gibt es keine Frauen als Klienten. Das wäre allenfalls was für den Stadtklatsch, aber nichts fürs Image und Sozialprestige des Patrons. Da verbrennt sich keiner die Finger!

Wie geht die *salutatio* vor sich? Sie begrüßen C. Gavius vermutlich als *dominus* und *rex*?

Jupiter behüte! *rex* käme mir nie über die Lippen, das habe ich auch bei meinem früheren Patron nie gesagt, obwohl das einträglich gewesen wäre. „König" ist seit Tarquinius Superbus als Titel in Rom geächtet. Und so sollte es auch bleiben. *dominus* ist in Ordnung. Man sagt: *salve, domine!* – und der Gruß wird erwidert. Und zwar mit Namensnennung. Ich wundere mich, dass C. Gavius ohne Nomenclator auskommt. Da können sich viele *patroni* eine Scheibe abschneiden, die sich die Namen ihrer Klienten zuflüstern lassen. Manchmal grüßt Gavius sogar als Erster!

Glückwunsch zum Super-Freund!

Die Ironie können Sie sich sparen. Das ist wirklich ein Freund – im Rahmen eines Klientelverhältnisses natürlich. Klar, nicht von Gleich zu Gleich. Aber man wird respektiert, als Person wahrgenommen, ab und zu sogar zum Gastmahl bei ihm eingeladen – und zwar ohne Klassenbewirtung, wie es andere *patroni* mit unterschiedlichen Speisen und Weinen für verschiedene Gästegruppen praktizieren –, und man wird morgens mit einem kleinen Geschenk entlassen. Wie ernst Gavius seine Klienten-Freunde nimmt, können Sie an seinem Zeitbudget sehen: Keine *salutatio* unter zwei Stunden, manchmal sogar noch länger!

Was aber auch für Sie heißt: zwei Stunden oder länger warten.

Das kommt vor, und das gehört zum Job. Man bleibt ja ohnehin meist so lange, bis der Herr alle Klienten begrüßt hat. Ganz ohne Gähnen geht es im Wartezimmer selten ab.

Mit An- und Abmarsch für Sie locker drei, vier Stunden pro Tag Zeitaufwand, schätzen wir. Lohnt sich das?

Es rechnet sich. Ich will Ihnen ja gar nichts vormachen und mein Klienten-Dasein als Ausdruck von Idealismus verkaufen. Manche Kollegen tun so, als gehe es ihnen nur um die Ehre und Freundschaft mit einem Prominenten. Aber das ist pure Heuchelei. Oder zumindest Selbsbetrug Jeder schielt auf die *sportula*.

Das Belohnungs-„Körbchen“, in dem früher Lebensmittel lagen.

Genau. Aber die Zeiten der Naturalgeschenke sind weitgehend vorbei. Zu besonderen Gelegenheiten bekommt man eine neue Toga geschenkt oder einen guten Wein oder irgendetwas Schönes für den Hausrat. Aber sonst wird die *sportula* sozusagen bar ausbezahlt.

Verraten Sie uns, was Sie am Tag verdienen?

„Verdienen“ würde ich nicht sagen. Es ist ja ein freiwilliges *beneficium*, auf das man keinen Rechtsanspruch hat. Mal gibt's weniger, mal ein bisschen mehr, und an manchen Tagen auch gar nichts.

Und durchschnittlich?

Die *patroni* sind unterschiedlich großzügig. Feste „Tarife“ gibt es nicht. Meiner liegt im oberen Mittelfeld, würde ich sagen. Im Durchschnitt entspricht die tägliche *sportula* bei uns etwa dem Tageslohn eines ungelernten Arbeiters. Davon leben kann man kaum, erst recht nicht, wenn man wie ich vier Kinder hat.

Deshalb sind Sie jetzt auf dem Weg zur zweiten Arbeit?

Ich lasse den Ausdruck „Arbeit" für meine Klienten-Pflichten mal unkommentiert stehen. Ja, gleich geht's wieder ans Kränzeflechten. Ich hoffe, mein Sklave hat ordentliche und preiswerte Ware eingekauft. Rosen und Lilien sind jetzt im Sommer die Renner bei den Kunden – und zum Glück günstig im Einkauf.

Sie können Ihre beiden Tätigkeiten gut unter einen Hut bringen?

Das ist das Gute an meiner Ware: Die Nachfrage setzt so richtig erst um die Mittagszeit ein. Wenn die Leute anfangen, sich für Gastmähler und Trinkgelage einzudecken. Eine schöne Sitte, dort auf diese Weise Lebensfreude zu demonstrieren, finden Sie nicht? Und bei diesen Temperaturen hält kein Kranz länger als einen Tag durch – gut fürs Geschäft und ein fairer Ausgleich für die verschwitzte Toga.

Kauft auch Ihr Patron Gaius Gavius Kränze bei Ihnen?

Er lässt kaufen. Na klar. *Manus manum lavat* – „eine Hand wäscht die andere". Und Gavius gibt gerne Partys. Er gehört nicht nur zu meinen Stamm-, sondern auch Großkunden.

Da dürfte ordentlich Rabatt fällig werden. Oder auch mal ein paar Gratis-Kränze.

Wo denken Sie hin? Er kriegt einen guten Preis, das schon, aber zu verschenken habe ich nichts. Wäre ja auch noch schöner, wenn der Patron die *sportula* von seinem Klienten bezöge!

„Schläger' – Für mich ein pädagogischer Ritterschlag!"

LUCIUS ORBILIUS PUPILLUS, LEHRER

Lucius Orbilius Pupillus (114 bis ca. 14 v. Chr.) stammte aus Benevent, Süditalien. Nach dem Kriegsdienst eröffnete er eine Schule in seiner Geburtsstadt. Im Jahre 63 v. Chr. übersiedelte er nach Rom, wo er sich einen Namen als Philologe machte. Im Brotberuf war er grammaticus, *Literaturlehrer. Einer seiner prominentesten Schüler war der Dichter Horaz; er charakterisiert Orbilius als kompetent, aber sehr streng. Orbilius lebte wie die meisten seiner Kollegen zeit seines Lebens in bescheidenen Verhältnissen; „mit größerem Ruhm als wirtschaftlichem Erfolg", stellt Sueton knapp fest (gramm. 9, 2). Er starb fast hundertjährig in Rom. Seine Heimatgemeinde ehrte ihn mit einem Denkmal.*

Verehrter Orbilius, seien Sie gegrüßt! Wir fühlen uns sehr geehrt, dass einer der bedeutendsten Grammatiker sich Zeit für uns nimmt. Wie war Ihr Tag, Orbilius?

Wie soll er schon gewesen sein? Jahrzehntelang der gleiche Rhythmus: Morgens früh raus, bis Mittag durchgehend Schule, dann eine Mittagspause und nochmals zwei Stunden Schule. Jetzt, zur zehnten Stunde, ist das Tagwerk vorüber. Aber auch Routine geht in die Knochen, glauben Sie mir. Und Schüler und Eltern werden immer anstrengender.

Wie lange sind Sie jetzt im Beruf?

Sie werden es kaum glauben: mehr als sechs Jahrzehnte. Begonnen habe ich mit einer Schulgründung in Benevent, meiner Heimatstadt. Erst Jahrzehnte später habe ich mich entschlossen, nach Rom umzusiedeln.

Wegen der besseren Verdienstmöglichkeiten?

Dreimal kurz gelacht. Darauf konnte man vielleicht hoffen, aber das war nicht das entscheidende Motiv. Vielmehr das rege geistige Leben hier in der Hauptstadt. Nichts gegen Benevent; ich liebe meine Geburtsstadt, und meine Landsleute haben mir immer Respekt erwiesen. Aber intellektuell ist das natürlich süditalische Provinz.

Braucht ein Lehrer denn ein so anspruchsvolles geistiges Umfeld?

Ein Lehrer vielleicht weniger. Aber Sie wissen ja wohl, dass ich mich auch wissenschaftlich und schriftstellerisch betätige. Wie manche anderen *grammatici* auch – wir schreiben Autoren-Kommentare, sorgen uns um die Reinhaltung der lateinischen Sprache, gehen ihren Rätseln und Wundern nach. Da ist es schon hilfreich, im Zentrum der Grammatiker-Community, wenn ich so sagen darf, tätig zu sein. Disputationen, Dichterlesungen, auch mal die eine oder andere Einladung zum Gastmahl mit anregenden Gesprächen oder sogar einem eigenen Vortrag – das gibt es in dieser Dichte und Qualität nirgendwo anders – auch wenn natürlich viele Möchtegerne in der Szene mitspielen.

Da haben wir uns sagen lassen, Grammatiker auf Partys sind, verzeihen Sie, nicht für jedermann der Hit. Man sagt ihnen nach, sie verbreiteten mit ihren peniblen Darlegungen kultivierte Langeweile – oder machten sich sogar vor der ganzen Gesellschaft lächerlich, wenn sie wegen irgendwelcher sprachlichen Spitzfindigkeiten aufeinander losgehen. Sie selbst haben aber offenbar keine Akzeptanzprobleme?

Dieser Ton gefällt mir nicht. Ich führe dieses Gespräch nicht, um mich beleidigen zu lassen.

Beim Jupiter, verehrter Orbilius, wir wollten Sie nicht kränken! Der Hintergrund der Frage war ein anderer: Haben Sie würdige, verständige Zuhörer, wenn Sie auf eine Party geladen werden? Respektiert man Ihre fraglos interessanten grammatisch-literarischen Darlegungen?

Dort, wo Orbilius eingeladen wird, hört man zu, mein Lieber!

Selbstverständlich. Dürfen wir jetzt auf Ihren Brotberuf zu sprechen kommen? Auch da genießen Sie ja als Sprach- und Literaturlehrer einen besonderen Ruf. Sie gelten als ungewöhnlich beschlagen, keiner von den mittelmäßigen Schulmeistern.

Wer Unterricht bei Orbilius hat, darf eine solide Ausbildung erwarten. Das stimmt. Da wird hart gearbeitet, zugehört, nachgesprochen und auswendig gelernt.

Zehn- bis Vierzehnjährige haben da manchmal ihre eigenen Vorstellungen ...

Da gibt's ein gutes Gegenmittel, und das heißt *ferula*. Die Rute muss stets griffbereit sein, natürlich mit dem Willen gekoppelt, sie auch einzusetzen.

Wie man hört, haben Sie damit kein Problem.

Sie können es ruhig deutlicher formulieren. Dass mich mein ehemaliger Schüler Horaz, mittlerweile ein gefeierter Dichter, als *plagosus Orbilius* verewigt hat, empfinde ich eher als pädagogischen Ritterschlag.

„Schlagreicher Orbilius" – das macht Sie stolz?

Eine andere Sprache verstehen die Jungs in diesem Alter nicht, mein

Lieber. Die wollen Grenzen erkunden, wenn sie quatschen und abgelenkt sind, wenn sie sich mehr auf die Passanten als auf ihren Lehrer konzentrieren. Und dann gibt's was auf die Finger – oder bei schweren Verstößen auch was auf den Po!

Mit der *ferula*, dem „Zepter des Lehrers", wie Spötter sagen, lässt sich die Disziplin verbessern?

Kurzfristig immer! Da herrscht dann eine Zeit lang Ruhe. Danach muss die *ferula* natürlich wieder ran. Aber kennen Sie ein besseres Mittel?

Es gibt auch unter Ihren Lehrer-Kollegen einige wenige, die stärker auf Motivation setzen. Grundschullehrer, die ab und zu gebackene Buchstaben einsetzen, um den Schülern die Lernarbeit im wahrsten Sinne zu versüßen.

Dieser neumodische Kram wird sich nicht durchsetzen. Ohne Druck erreichen Sie nichts. Denken Sie an Menander: *Ho me dareís ánthropos ou paideúetai*, „der nicht geschundene Mensch wird nicht erzogen"!

Legt der Komödiendichter das nicht gerade einem besonders konservativen Vertreter autoritärer Pädagogik in den Mund?

Sind *Sie* der erfahrene Schulmann oder bin ich es? Über 60 Jahre Lehrerfahrung, da weiß man, wo es langgeht. Und geht nicht mehr irgendeiner scheinliberalen Honiggebäck-Pädagogik auf den Leim. Wenn ich schon den Unfug höre, dass man frei geborene Kinder nicht wie Sklaven schlagen solle! Haben Sie etwa zu Ihrer Schulzeit keine Prügel bezogen?

Doch, schon. Das war üblich. Aber Spaß hat es nicht gemacht.

Für Spaß ist Schule auch nicht da, mein Lieber. Wenn Sie Spaß haben wollen, gehen Sie ins Bordell! Nur, lernen werden Sie da nichts.

Na ja, im klassischen Sinne haben Sie da sicher recht. Aber ganz so rund läuft es mit Ihrer Methodik doch auch nicht, wenn wir das ein bisschen flapsig formulieren dürfen?

Wie kommen Sie *darauf*?

Ihr letztes Buch hat doch einiges Aufsehen erregt. Sie ziehen da eine Bilanz Ihrer langen Schultätigkeit und betiteln das Werk *perí algoús*, „Über den Schmerz" – oder sogar, das haben wir nicht so ganz verstanden, *perí alogías*, „Über den Widersinn". Welcher Titel trifft denn nun zu?

Suchen Sie sich's aus! Beides stimmt. Das Buch handelt von den Ungerechtigkeiten und Zumutungen gegenüber dem Lehrerstand. Nicht nur, dass unser gesellschaftliches Ansehen traditionell am Nullpunkt liegt, auch wenn das den Elementarlehrer noch stärker treffen mag als den *grammaticus*. Pausenlos steigen die Anforderungen und Erwartungen an die Lehrer. Du bist auf dem Weg zum Bad, ganz privat, aber das hindert einen Gaius oder Lucius unter deinen Eltern mitnichten, dich ungehemmt anzuquatschen: ‚Wie heißt noch mal die Amme des Anchises?' – ‚Wo steht noch mal das Abenteuer von Odysseus mit den Sirenen?' – ‚Wir haben uns gestern beim Gastmahl gestritten: Wie heißt denn nun der richtige Vokativ von *egregius vir*?' Man kommt sich manchmal vor wie ein wandelndes Lexikon oder eine geistige Zapfsäule.

Aber man fragt Sie wenigstens dezent, höflich, rücksichtsvoll?

Schön wär's! Das Gegenteil ist der Fall: barsch und fordernd. Als wäre das selbstverständlich im Lehrhonorar für den Sohnemann inklusive.

Zumindest bezahlen Ihre Eltern Sie zuverlässig?

Wollen Sie mich veralbern? Das ist eine der größten Schamlosigkeiten, glauben Sie mir! Die Zahlungsmoral der Eltern ist eine Katastrophe. Und zwar von jeher, und nicht nur in meiner Schule! Was die Leute sich dabei denken! Beim Krämer kriegen sie Ware nur gegen Geld, beim Lehrer dagegen nimmt man einen Schultag nach dem anderen mit und lässt sich mit der Bezahlung schön Zeit.

***Die* Klage ist weit verbreitet in Lehrerkreisen. Dass aber auch Sie davon betroffen sind!**

Und ob. Nach sechs Jahrzehnten Lehrtätigkeit bin ich froh, wenn ich einigermaßen über die Runden komme. Rücklagen habe ich kaum bilden können. Der Neuanfang in Rom war teuer; zum Glück sitze ich nicht mehr auf den Schulden, die ich damals machen musste.

Wenn Sie Bilanz ziehen, ist so ein jahrzehntelanges Grammatikerdasein also nicht unbedingt eine Berufsempfehlung für jemanden, der darüber nachdenkt, eine Schule zu eröffnen?

Beim Jupiter, nein! Es sei denn, sein Lebensmotto ist „Lust durch Frust". *Das* ist die perfekte Basis, um Lehrer zu werden!

„Quatsch, Umweltverschmutzung! Tiberfische sind lecker!"

AURELIA NAIS, FISCHHÄNDLERIN

Aurelia Nais wird in ihrer Grabinschrift (CIL VI 9801 = Dessau ILS 8750) als piscatrix de horreis Galbae *bezeichnet, „Fischhändlerin in den Speichern des Galba". Wir schließen uns der allgemeinen Interpretation an, dass* piscatrix *hier nicht die „Fischerin", sondern die „Fischverkäuferin" bedeutet. Der Grabaltar lässt auf einen gewissen Wohlstand schließen. Weitere Details sind nicht bekannt.*

Hier sieht ja schon alles blitzblank aus. Ein gutes Geschäft heute, Aurelia Nais? Wie war Ihr Tag?

Wir schließen das Geschäft gleich. Deshalb sind die Auslagen leer geräumt und die Theken schon abgewaschen. Ja, wir haben ordentlich Frischware verkauft heute, vorhin noch einiges zu deutlich reduziertem Preis. Mit Fisch ist das ja so eine Sache. Der verdirbt leicht.

Darauf haben Sie stets ein Auge?

Klar, bevor man Ware wegwirft, verkauft man sie lieber mit geringerem Gewinn. Außerdem haben wir strenge Marktaufseher. Gestern schon wieder eine Kontrolle! Dafür haben sie mich heute in Ruhe gelassen, schon deshalb war es ein guter Tag! Aber auch, weil wir wirklich gut verkauft haben.

Sie schmeißen den Laden hier. Darf man das so sagen?

Man darf! Ich bin sozusagen die Chefin für das operative Geschäft. Die beiden Damen, die da hinten die Salzfischamphoren umräumen, sind Angestellte. Ich führe die Geschäfte, auch im Namen meines Patrons Aurelius Phileros.

Das heißt, Ihnen gehört das Geschäft gar nicht?

Ich bin Teilhaberin zu 50 Prozent. Phileros hat mich kürzlich dazu gemacht. Ganz früher war ich seine Sklavin, nach der Freilassung zunächst angestellte Geschäftsführerin, jetzt mit ihm gleichberechtigt.

Aber er selbst arbeitet nicht mit?

Nicht hier im Laden. Phileros ist sozusagen unser Einkäufer, er verhandelt mit Lieferanten, kauft den Fischern die Ware ab und sieht sich bei der Konkurrenz um. Der ist der geborene Außendienstler, ist gern unterwegs, hat aber keine Lust, hier acht bis zehn Stunden im Laden zu stehen.

Wie Sie und Ihre beiden Angestellten.

Genau.

Uns wundert, dass hier – und auch in den Geschäften nebenan – relativ viele Frauen einer Erwerbsarbeit nachgehen. Das entspricht doch eigentlich nicht dem römischen Frauenbild.

Das ist ein typisches Oberschicht-Ideal – obwohl es auch da mächtig bröckelt. Nach meinem Eindruck jedenfalls ist es nicht mehr so selbstverständlich, dass die Frauen möglichst das Haus hüten. Was die einfachen Leute angeht, hat das allerdings noch nie so richtig gestimmt. Frauenarbeit ist in meinen Kreisen weit verbreitet. Viele Familien kämen gar nicht über die Runden, wenn nicht auch die Frau einer Erwerbsarbeit nachginge – häufig im Handel, so wie bei uns hier im Fischgeschäft.

Man hat nicht den Eindruck, dass Sie sich unwohl fühlen.

Da haben Sie recht. Aber ich trage ja auch Verantwortung, kann mitentscheiden – und wirtschafte in die eigene Tasche. Nicht jeder Patron ist so großzügig wie Phileros. Der ist eigentlich die Ausnahme – vielleicht weil er selbst mal Sklave war, hat er jetzt ein Herz für seine einstige Sklavin. Aber die beiden Verkäuferinnen da hinten bezahlen wir, ehrlich gesagt, nicht so gut.

Die sind aber nicht Ihre Sklavinnen?

Nur dann, wenn sie sich mal wieder darüber beklagen, dass ich sie zur Arbeit antreibe – wie sie behaupten. Dann fühlen sie sich wie Sklavinnen – sagen sie zumindest. In Wirklichkeit aber sind sie frei.

Ihr Fischgeschäft liegt in einer ziemlich ungewöhnlichen Umgebung hier inmitten der großen Getreidespeicher Roms. Mit den Horrea Galbae verbindet man eigentlich mehr große Umschlagmengen von Grundnahrungsmitteln und keine Einzelhandelsgeschäfte.

Das stimmt nicht ganz. Wir haben hier eine ganz gute Mischung aus wirklich beeindruckenden Kornspeichern, Lagerhallen für Wein und Öl, aber eben auch kleineren *tabernae*, die die Massenlebensmittel durch ein exquisites kulinarisches Angebot ergänzen. Das passt schon ganz gut zusammen. Und die Lage hier am Tiberhafen erleichtert uns den Transport der Ware enorm – und gibt den Kunden auch das Gefühl, ganz frische Ware zu bekommen.

Dafür ist Ihr Geschäft weiter vom Stadtzentrum und vom Fischmarkt direkt am Forum entfernt. Ein Standortnachteil, der sich nicht bemerkbar macht?

Nein, wir haben einen langjährigen, treuen Kundenstamm, der unsere Qualität zu schätzen weiß und der etwas längere Einkaufswege gern in Kauf nimmt – wobei die meisten ja eh ihre Sklaven zum Einkaufen schicken. Außerdem haben wir für die preiswerteren Angebote eine Menge Laufkundschaft. Viele Arbeiter und Lastenträger holen sich hier bei uns ein Stück Brot mit Fisch zum Mittagessen. Insgesamt sind ja in den Speichern mehrere Hundert Leute beschäftigt. Das kriegen wir mit – im positiven Sinn des Umsatzes.

Das klingt nach einer soliden Geschäftsgrundlage.

Stimmt, ist aber noch nicht alles. Eine gar nicht so unbedeutende Kundengruppe kommt noch hinzu: die fliegenden Händler, die sich bei uns morgens mit Ware eindecken.

Die verkaufen also nicht nur Getränke, Süßigkeiten und Würstchen?

Viele beschränken sich schon darauf, aber einige haben auch Fisch im Angebot. Da sie wissen, dass sie hier überwiegend fangfrischen Fisch bekommen, kaufen sie den bei uns ein. Vom Umsatz her ist das gar nicht so wenig, was über diese Vertriebsschiene läuft. Die Gewinnspanne ist aber natürlich geringer, wenn Sie an Wiederverkäufer liefern – die noch dazu an heißen Tagen ein hohes Risiko eingehen, dass ihnen ein Teil der Ware vergammelt. Dieses Risiko ist in unsere Marge eingepreist. Reich können Sie durch die Belieferung von Kleinkrämern nicht werden, aber unterm Strich ist das kein Verlustgeschäft. Sonst hätten wir das längst eingestellt. Wir sind schließlich kein Sozialfisch-Unternehmen.

Auf *die* Idee wären wir angesichts Ihrer Professionalität auch wirklich nicht gekommen! Wir haben herausgehört, dass Sie, sagen wir: deutliche Sympathien für das Upper-Market-Geschäft hegen – Edelfische für die zahlungskräftige Klientel. Das Massengeschäft mit dem Billigfisch für die kleinen Leute vernachlässigen Sie vermutlich?

Da haben Sie grundsätzlich etwas missverstanden. Ich glaube nicht, dass es sich eine Fischhandlung von unserem Zuschnitt leisten kann, auf das untere Segment zu verzichten. Das macht durchaus einen erheblichen Teil unseres Umsatzes aus! Wir verkaufen auch eingesalzenen Fisch aus zahlreichen Regionen des Imperiums.

Nämlich?

Salzfisch aller klassischen Provenienzen: von Griechenland über Kleinasien bis Afrika und Ägypten. Und natürlich aus Sardinien und Hispania. Selbstverständlich auch aus heimisch-italischer Produktion. Sehen Sie dahinten die Amphoren? Das alles ist eingemachter Fisch. Das Kleine-Leute-Segment, wenn Sie so wollen. Auch die kaufen bei uns. Und wir sind froh darüber.

Besonders schöne Gewinnspannen lassen sich aber, hören wir, vor allem mit frischem Süß- und Salzwasserfisch erzielen.

Ja, auch wenn das Risiko wegen der eingeschränkten Lagerungsfähigkeit deutlich höher ist als beim Salzfisch. Das sollten Sie bitte nicht vergessen. Wenn bestimmte Fischsorten so teuer sind, dann hängt das natürlich auch mit diesem Risiko zusammen. Das sehen viele aber gar nicht und beklagen sich über die „Habgier“ der Fischhändler.

Haben Sie auch Tiberfisch im Angebot?

Selbstverständlich. Wir haben hervorragende Geschäftsbeziehungen zu den besten Tiberfischern. Deren großes Fest im Juni, die *ludi piscatorii,* sponsern wir übrigens mit einer nennenswerten Summe. Und es geht ja wirklich nichts über den Tiber-Hecht – zumal den nahe der Tiberinsel gefangenen. Wir sind sehr stolz darauf, diese Delikatesse fast täglich frisch anbieten zu können.

Der war ja wirklich einmal für seine einzigartige Qualität berühmt. Aber das ist Jahrhunderte vorbei. Inzwischen mag er zwar, wie Juvenal sagt, „fett sein durch die Cloaca maxima“, aber er schwimmt im stark verdreckten Wasser des Tibers. Keine gute Empfehlung, wie uns scheint.

Juvenal, ein Satirendichter! Der hat uns mit seinem frechen Maul sehr geschadet. Und Sie – Sie glauben wirklich, was ein Satirenschreiber da von sich gibt?

Sagen wir es so: Wenn sie keinen Bezug zur Realität hat, dürfte spöttische Kritik recht schnell verpuffen. Außerdem gibt es von ärztlicher Seite ernstzunehmende Hinweise auf eine starke Belastung des Tibers durch Abwässer und Müll.

Wieso beliefern uns die Tiberfischer dann mit so exzellenter Ware? Quatsch, Umweltverschmutzung! Tiberfische sind lecker. Sie sollten nicht alle Horror-Nachrichten glauben, die von aufgeregten Naturaposteln in Umlauf gebracht werden – und schon gar nicht zu deren Verbreitung beitragen. Das grenzt ja an Geschäftsschädigung!

Bitte beruhigen Sie sich, Aurelia Nais! Lassen Sie uns das Thema wechseln. Welche weiteren Fischsorten sind populär?

Stör und Goldbrasse, Muräne und Meerbarbe – die werden besonders stark nachgefragt. Und sind auch nicht wirklich billig. Aber bei uns bekommen Sie 1-a-Qualität für Ihr Geld. Das wissen unsere Kunden.

Sie deuteten vorhin schon an, dass sich diese Edelfische nicht jedermann leisten kann.

Die landen fast ausnahmslos auf den Tischen der Wohlhabenden. Und ihrer Gäste – Fischspezialitäten bei Gastmählern sind ja sehr beliebt, auch weil man die Eingeladenen mit ausgesuchten Leckerbissen ordentlich beeindrucken kann. Manchmal kommen die Gastgeber selbst raus zu uns und lassen sich zeigen, was wir haben. Da gibt's ausgezeichnete Kenner, denen können Sie nichts aufschwatzen. Meistens aber schicken sie ihre Sklaven oder den Koch, der unser Premium-Produkt in eine ebenso ansprechende Speise umwandeln soll. Aber wissen Sie, worüber ich mich immer wieder wundere und aufrege?

Verraten Sie es uns!

Dass diese subalternen Domestiken anfangen, über den Preis zu verhandeln. Als ob *sie* die Ware aus dem eigenen Geldbeutel bezahlen müssten! Statt froh zu sein, dass wir die hohen kulinarischen Ansprüche ihrer Herrschaft erfüllen können, versuchen sie uns im Preis zu drücken. Total ärgerlich, sage ich Ihnen!

Lassen Sie sich auf solche Verhandlungsspielchen ein oder bleiben Sie hart?

Wir bleiben beim geforderten Preis. Ich habe das auch unseren beiden Verkäuferinnen eingeschärft. Aurelia Nais ist kein Billigheimer. Hier gibt's Qualität, und die hat ihren Preis.

Eine erfolgreiche Strategie?

Ja klar. Wer hierhin zu den Horrea Galbae herausgekommen ist, hat wenig Lust, unverrichteter Dinge wieder abzuziehen und anderswo sein Glück zu versuchen. Voraussetzung ist natürlich ein angemessenes Preis-Leistungs-Verhältnis. Und da brauchen wir uns wirklich nicht zu verstecken.

Dann bedanken wir uns und wünschen Ihnen einen schönen Feierabend. Was wird heute Abend bei Ihnen auf dem Tisch stehen: Meerbarbe oder Goldbrasse?

Ich denke eher an einen leckeren Kaninchenbraten.

Ganz ohne Fisch?

Natürlich nicht! Kaninchenbraten mit einem vorzüglichen *garum* übergossen, Fischsauce aus Spanien, erste Pressung, beste Qualität. Übrigens auch bei uns zu haben!

Dann schon einmal guten Appetit!

„Der Berufsverein ist mein zweites Zuhause"
LUCIUS TREBIUS FIDUS, VORSTEHER DES KOLLEGIUMS DER SANDALENSCHUSTER

L. Trebius Fidus kennen wir von seiner Grabinschrift (CIL VI 9404 = Dessau ILS 7249). Sie bezeichnet ihn als quinquennalis perpetuus collegii fabrum soliarum baxiarium, *„Vorstand auf Lebenszeit des Collegiums der Sandalenschuster". Die angesprochenen Details der Vereinssatzung sind der* lex collegii Dianae et Antinoi *entnommen, eines kultischen Collegiums aus Lanuvium (CIL XIV 2112 = Dessau ILS 7212).*

Ihnen wurde heute eine große Ehre zuteil, Lucius Trebius. Wir gratulieren herzlich! Erzählen Sie: Wie war Ihr Tag?

Zunächst ganz normal. Zur zweiten Stunde habe ich in meiner Werkstatt angefangen und meinen Mitarbeitern – einem freien Gesellen, einem Sklaven und einem Azubi – die Arbeit eingeteilt. Danach habe ich die Auslage neu geordnet.

Sie sind Schuster, genauer gesagt: Sandalenschuster.

Richtig. Wir stellen unterschiedliche Sandalen her, von ganz schlicht bis luxuriös, das heißt mit Gold verziert, und zwar sowohl Fertigware als auch Spezialanfertigungen im Kundenauftrag – und verkaufen unsere Produktion wie die meisten Handwerker direkt hier in der *taberna*.

Wie gehen die Geschäfte?

Ich sage es ungern: gut! Man soll das ja nicht beschreien, Fortuna ist für ein plötzliches Abwenden ihrer Huld berüchtigt.

Wie erklärt sich diese gute wirtschaftliche Lage?

Wir produzieren qualitativ ansprechende Sandalen zu vergleichsweise günstigen Preisen – und orientieren uns an der gängigen Mode. Ich muss sagen: Mein Sklave Damon hat da die Nase im Wind. Der wittert förmlich, wenn sich der Geschmack ändert. Ein sehr tüchtiger Mitarbeiter. Ich denke, ich werde ihn in drei, vier Jahren freilassen. Allerdings nur, wenn er im Freilassungsvertrag zusichert, eine eigene Schusterwerkstatt nicht näher als in zwei Kilometern Entfernung zu meinem eigenen Geschäft hier zu betreiben. Sonst laufen die Kunden am Ende zu ihm über.

Wie ging Ihr Tag dann weiter?

Ich habe noch ein paar Stunden mitgearbeitet und zwischendurch wie üblich Schuhe verkauft. Heute war der Absatz nicht so toll, ich nehme an wegen des kühlen, regnerischen Wetters. Dann bin ich am frühen Nachmittag hinüber zur *schola* unseres Collegiums gegangen. Dort hat der erweiterte Vorstand unter meiner Leitung getagt. Wir haben die Clubversammlung vorbereitet, die dann kurz vor Sonnenuntergang angefangen hat.

Ihr Vereinslokal liegt nicht weit entfernt von Ihrer *taberna*?

Nur ein paar Schritte. Unser Patron hat uns vor rund zehn Jahren eine *schola* in unmittelbarer Nähe des Pompejus-Theaters gestiftet. Keine billige Lage, wie Sie sich denken können, am Westrand des Marsfeldes, für jedes Mitglied gut zu erreichen, für mich, wie gesagt, optimal gelegen.

Und in dieser heutigen Sitzung hat der Vorstand des Sandalenschuster-Collegiums dann beschlossen, Sie zum Vorsitzenden auf Lebenszeit zu ernennen?

Da hätten sich unsere Mitglieder aber bedankt! Nein, jeder, der sich im Collegium um ein Amt bewirbt, muss vom Plenum gewählt werden. Also auch der Vorsitzende. Der Vorstand kann Empfehlungen aussprechen, mehr nicht.

Was er in Ihrem Falle auch getan hat?

Ja gut, die Dinge waren lange vorbesprochen. Es hat immer mal wieder ein Vereinsmitglied angeregt, dass wir das so machen sollten. Insofern war es keine Überraschung.

Sie sind dann also von der Plebs Ihres Clubs zum *quinquennalis perpetuus* gewählt worden?

Ja, und zwar einstimmig. Darüber habe ich mich besonders gefreut. Ich hoffe, dass ich dem in mich gesetzten Vertrauen gerecht werde.

Aber Sie sind ja beileibe kein unbeschriebenes Blatt.

Das stimmt. Ich bin zuvor Jahr für Jahr zum *magister* unserer Berufsgenossenschaft gewählt worden, danach für fünf Jahre zum *quinquennalis*. Insofern wussten meine Kollegen, wen sie sich da für den Rest seines Lebens „angetan" haben. Trotzdem oder gerade wegen der langen Tätigkeit in führender Position: Ich empfinde die heutige Wahl als große Ehre. Ich bin, glaube ich, in der mittlerweile über hundertjährigen Geschichte unseres Kollegiums der Erste, dem sie zuteilwird.

Dürfen wir fragen, ob auch eine überdurchschnittliche Spendenbereitschaft Ihrerseits zu dieser Wahl beigetragen hat?

Es ist bei uns wie bei den vielen anderen *collegia* üblich, dass starke Schultern mehr tragen als schwache. Ich habe eine gut gehende Werkstatt, andere Kollegen sind, auch weil sie nicht selbstständig arbeiten, materiell schlechter gestellt. Da ist es doch klar, dass man ab und zu mit einer zusätzlichen Spende zur Wohlfahrt des Collegiums beiträgt, hier eine Reparatur am Vereinshaus übernimmt, dort eine Jubiläumsfeier ausrichtet. Das wird im Grunde von allen führenden Offiziellen des Vereins erwartet – wenn sie es sich leisten können. Ich bin also wahrlich nicht der Einzige, der hin und wieder über seinen monatlichen Vereinsbeitrag hinaus mit einer Geld- oder Sachspende aushilft. Auf die Wahl zum *quinquennalis perpetuus* hatte das, wenn überhaupt, nur geringen Einfluss.

Haben Sie eine Wahlrede gehalten oder mit Wahlversprechen geworben?

Wahlversprechen? Wir führen doch keinen Wahlkampf. Das wäre nicht gut angekommen. Meine Kollegen wissen, wofür ich stehe, und da habe ich mich in einer kleinen Ansprache zur Kontinuität bekannt.

Und wofür stehen Sie?

Unser Collegium behutsam weiterzuentwickeln, neue Mitglieder zu werben – es gibt genügend Sandalenmacher, die noch nicht zu uns gefunden haben –, ein schönes, harmonisches Vereinsleben zu organisieren und da, wo es nötig ist, die Belange des Berufsstandes in der Öffentlichkeit und gegenüber der Politik zu vertreten.

Mithin klassische Lobbyarbeit zu betreiben?

Da verkennen Sie die Zielsetzung unseres Collegiums gründlich. Wir haben keinerlei politische Ambitionen – und kein politisches Mandat! Das bekäme uns auch nicht gut, die kaiserliche Verwaltung würde schnell misstrauisch, ob da eine Art Geheimbund illegale Ziele verfolgt. Wir wollen keinen Ärger mit den Behörden. Wenn wir gefragt werden, sagen wir gern unsere Meinung. Aber nur dann, das meine ich mit „Interessenvertretung".

Wenn wir Ihre Andeutungen zur Mitgliederstruktur richtig verstanden haben, sind Sie auch kein reiner Unternehmerverband?

Richtig. Bei uns sind alle in der Branche Tätigen willkommen, der selbstständige wie der angestellte Sandalenschuster. Und wenn ein Kollege, der sich eher auf Stiefel oder anderes Schuhwerk spezialisiert hat, beitreten möchte, nehmen wir auch ihn auf. Genauer gesagt: Interessenten wenden sich an ein Mitglied unseres Collegiums, und das schlägt ihre

Aufnahme in der Clubversammlung vor. Die Mehrheit entscheidet, nicht der Vorsitzende.

Sind auch Sklaven zugelassen?

Es gibt ein paar Unfreie in unseren Reihen. Entscheidend ist die Zustimmung des Herrn oder der Herrin. In der Regel ist das aber kein Problem.

Und Frauen?

Das wäre theoretisch möglich, unsere Satzung sagt dazu nichts. Andererseits gibt es in unserem Gewerbe nur ganz wenige weibliche Beschäftigte, sodass sich die Frage in der Praxis nicht stellt. Würde sie sich stellen, wäre ich allerdings nicht so sicher, dass sich eine Mehrheit für die Aufnahme einer Frau fände. Solchen Neuerungen gegenüber sind viele skeptisch – und das ja nicht nur bei uns.

Hören wir da Frauenfeindlichkeit oder gar Angst vor Frauen heraus?

Unsinn! Aber die Strukturen haben sich eben so herausgebildet, auch und gerade bei unseren Zusammenkünften, dass da einiges durcheinanderkäme. Übrigens hatte unser Collegium vor dem aktuellen *patronus* einen weiblichen Schirmherrn, eine sehr selbstbewusste Dame, Ehefrau eines Senators mit großem eigenem Vermögen – und wir sind fast ein Jahrzehnt bestens mit ihr gefahren. Sie hat das Collegium enorm gefördert. So viel zur Unterstellung der Frauenfeindlichkeit.

Das Wichtigste ist also, wenn wir Sie recht verstehen, das Vereinsleben. Könnte man von einem sozialen Netzwerk sprechen?

Das scheint mir keine schlechte Definition zu sein. Ja, es kommt uns auf ein geselliges Miteinander an, Gespräche, in denen man sich über berufliche Dinge oder auch über Privates austauschen kann, auf nette Nachmittage und Abende, die man miteinander verbringt. Geselligkeit, das ist wichtig, der Club neben der Familie als eine Art Heimat für den Einzelnen, ein zweites Zuhause. Wissen Sie, die vornehmen Leute laden sich ja auch ständig gegenseitig zu Gastmählern und Trinkgelagen ein. Wir kleinen Leute können uns das nicht leisten, unsere Wohnungen stoßen da schnell an ihre Kapazitätsgrenzen. Da ist es gut, dass es die Collegien mit ihren Vereinshäusern gibt. Dort spielt sich ein Teil unseres sozialen Lebens ab. Unser Collegium hat übrigens eine angenehme Größe.

Wie viele sind Sie?

Um die 50. Ein bisschen können wir noch wachsen, aber nicht zu stark. Manche *collegia* haben ja mehrere Hundert Mitglieder – für mich zu groß, zu anonym, auch wenn natürlich nicht alle zu allen Treffen kommen. Ich habe neulich gehört, dass das größte der rund 500 Collegien Roms 1500 Mitglieder hat. Da hätte ich persönlich keine Lust mitzumachen.

Auch nicht in einer so herausgehobenen Position, wie Sie sie jetzt in Ihrem Verein haben? Das wäre doch mit erheblichem Einfluss verbunden.

Glauben Sie mir: Ich bin wirklich glücklich mit dem, was ich habe. Ich kenne alle unsere Mitglieder sehr gut, manche zählen zu meinen engsten Freunden, mit denen ich auch außerhalb des Vereins zusammen bin. Ich will keine Riesenorganisation leiten.

Wie oft treffen Sie sich?

In der Regel einmal im Monat, manchmal zu besonderen Veranstaltungen auch öfter. Aber mehr inoffiziell. Wir halten uns an das Gesetz, und das erlaubt häufigere Zusammenkünfte nur im Ausnahmefall.

Und dann sitzen Sie zusammen und unterhalten sich?

Genau. Und genießen unsere *cena*. Die hat allerdings mit den Banketten der Reichen wenig gemein. Brot und Wein gibt es immer, dazu vielleicht noch ein paar Sardinen, Früchte oder ein Stück Kuchen. Aber wirklich nichts Besonderes.

Gibt's auch Wasser – oder ist das tabu?

Witz, komm raus, du bist umzingelt! Aber gut: Wasser gibt's schon genug zum Verdünnen des Weins. Und ganz so Unrecht haben Sie nicht. Es wird schon ordentlich pokuliert. Und es geht fröhlich zu. Aber nicht allzu ausgelassen. Da passen wir auf.

Mit einem Ordnungsdienst, der notfalls eingreift?

So weit kommt es ganz selten. Nein, unsere Satzung sieht da schon ganz empfindliche Geldstrafen vor. Wer sich danebenbenimmt, zahlt, bis zu zwölf Sesterze für rüpelhaftes Verhalten. Das ist für manch einen ein ganzer Tageslohn. Herumlaufen während des Essens – manche Kollegen wechseln ja ganz gern von Tisch zu Tisch – kostet vier Sesterze. Und wer gegenüber dem Vorstand ausfallend wird, ist mit 20 Sesterzen dabei.

Hört sich nach einem strengen Regiment an.

Es ist die Satzung, die ist nun mal mit großer Mehrheit beschlossen worden. Jedes Mitglied bekommt sie bei Eintritt in den Verein zur Kenntnis gebracht. Wem das nicht passt, der kann ja einem anderen Collegium beitreten.

Sie als Vorstand setzen diese vereinsinternen Strafen auch tatsächlich durch?

Mit Augenmaß. Aber im Prinzip schon. Wir wollen ja ohne Stress entspannte Stunden miteinander verbringen. Da sollte man sich schon an Regeln für zivilisiertes Benehmen halten.

Haben Sie eigentlich schon einen ausgegeben auf Ihre Wahl? Oder ist das nicht üblich?

Doch. Auch dafür gibt's sogar Regeln. Unfreie Mitglieder unseres Collegiums, die freigelassen werden, müssen beispielsweise eine Amphore Wein – 26 Liter – spendieren. Um Ihre Frage konkret zu beantworten: Heute hatten wir eine außerordentliche Sitzung: Entscheidung über das Budget, Diskussion von Anträgen und Beschwerden und eben Wahlen. Mit so etwas wollen wir unsere geselligen Runden nicht belasten. Daher die „Ausgliederung" von Vereinsangelegenheiten – und das Aufschieben meines Einstandes.

Der wird bei der nächsten *cena* gefeiert?

So ist es. Ich werde ein paar Kuchen spendieren und drei Amphoren Wein von bester Qualität.

Falerner?

Genau der. Und auch, da Sie das ja besonders interessiert, genügend Wasser dazu.

„Kommt her und feiert mich!"
URSUS, BALLSPIELER IN DEN THERMEN

„Ursus" nennt er sich und rühmt sich, der beste Ballspieler in den Thermen Roms gewesen zu sein. Die Statueninschrift (CIL VI 9797 = Dessau ILS 5173) stammt aus dem frühen 2. Jahrhundert. Sicher ist wohl, dass der am Ende als „Nachfolger" genannte Verus der Consul (zum dritten Mal) des Jahres 126 war. E. Champlin hat den Verfasser als L. Iulius Ursus Servianus, den Schwiegersohn des Kaisers Hadrian, identifiziert (ZPE 60, 1985, 159ff.). Diese Zuweisung bleibt indes unsicher; die Interpretation des Ballspiels als Allegorie für die Politik ist wenig überzeugend (zustimmend Schmidt, ZPE 126, 1999, 240ff.; ablehnend E. Courtney, Musa lapidaria, 1995, 331). Unabhängig von dieser Kontroverse ist die Inschrift ein beredtes Zeugnis für die Popularität des Ballspiels. Wir greifen auf sie zurück – und führen das von „Ursus" angelegte Versteckspiel im Interview ein bisschen weiter.

Ursus, der Ballspieler, steht vor uns, aber er ist maskiert. Vielleicht finden wir heraus, wer hinter der Maske steckt, wenn wir unser Gespräch mit der üblichen Frage beginnen: Wie war Ihr Tag, Ursus?

Ganz entspannt. Ich bin spät aufgestanden, habe einen Happen gefrühstückt – nicht meine Lieblingsmahlzeit, da bin ich ein typischer Römer –, bin ein wenig spazieren gegangen, habe die Post durchgesehen und meinem Schreiber ein paar Briefe diktiert. Danach war ich in den neuen Trajansthermen – eine wirklich großzügige Anlage, unbedingt eine Bereicherung für die Thermenkultur der Hauptstadt. Ich habe ein bisschen zu Mittag gegessen – erstaunlich leckere lukanische Würstchen, die ein fliegender Händler im Angebot hatte – und habe mich die ganze Zeit auf das Gespräch mit Ihnen gefreut. Dann fiel mir ein, dass ich noch eine Maske benötigte, und habe sie von einem Sklaven besorgen lassen. Gefalle ich Ihnen so?

Zumindest ist es eine freundliche Komödienmaske und keine ernste oder Schrecken einjagende Tragödienmaske. Aber die hätte ja auch nicht zu Ihnen gepasst.

Finden Sie? Haben Sie denn herausgefunden, wer sich hinter dieser Maske verbirgt? Oder spekulieren Sie da einfach?

Weder noch. Wir kennen Sie über Ihre – dürfen wir sagen: neckische? – Statueninschrift. Da geben Sie ja einiges über sich preis. Und wir konnten bei unseren Recherchen wenigstens jemanden ausfindig machen, der weiß, wer

hinter Ursus steckt, und ihn bitten, den Kontakt zu Ihnen herzustellen. Ist Ursus Ihr wahrer Name?

Zumindest war ich unter diesem Namen bis vor einigen Jahren als begeisterter Ballspieler bekannt. Und Sie wissen ja sicher, dass Ursus kein völlig ungebräuchliches Cognomen ist, das auch in den Kreisen vorkommt, die sich für die besseren halten.

Sie wollen das Wer-bin-ich-Spiel mit uns fortsetzen?

Ich bin Spieler, deshalb bin ich doch in Ihr Visier geraten.

Als *Ball*spieler, um genau zu sein. Haben Sie die Inschrift eigentlich selbst verfasst? Es sind ja sauber gebaute iambische Senare – für einen Sportenthusiasten vielleicht nicht so ganz selbstverständlich, wenn wir das so keck formulieren dürfen.

Haben Sie die Inschrift nicht ordentlich gelesen?

Wir meinen doch. Wieso?

Weil ich mich da auch als *scholasticus* bezeichne. Sowenig eindeutig der Begriff sein mag, so ist das aber auf jeden Fall einer, dem Sie literarische Bildung zutrauen dürfen einschließlich der Fähigkeit, ein paar ordentliche Verse zu zimmern. Im Übrigen ist Ihre Andeutung „guter Sportler – intellektuell unterbelichtet" ein Klischee, das Sie nicht weitertransportieren sollten. Sie müssten wissen, dass gerade auch große Geister Sport als Ausgleich zur Studierstube wärmstens empfehlen. Ballsport und Philosophie – das schließt einander überhaupt nicht aus. Nachzulesen beispielsweise bei Seneca. Haben Sie in den schon mal hineingeguckt?

Haben wir. Sie haben recht. Aber nur teilweise. Denn Seneca rät, nach ein bisschen Ballspiel oder Laufen sehr schnell wieder zu den Büchern zurückzukehren. Im Grunde sieht er Sport schon als Zeitverschwendung an.

Gut, Sie *haben* ihn gelesen. Aber es entgeht Ihnen nicht, dass zu einer einigermaßen repräsentativen Ferienvilla schon ein *sphaeristerium* gehört, ein Ballspielplatz? Ballspiel ist auch bei der gesellschaftlichen Elite anerkannt und beliebt!

Auch da sagen Sie uns nichts Neues. Aber vielleicht dürfen *wir* jetzt mal wieder die Fragen stellen, Herr Scholasticus. Ihre Fragemethodik könnte auf einen Lehrer schließen lassen, aber Sie scheinen uns einem deutlich gehobeneren Milieu zu entstammen.

Haben Sie etwas gegen Lehrer?

Haben wir nicht. Wobei es da in Rom ja durchaus andere Meinungen gibt. Aber wir haben etwas dagegen, dass Sie schon wieder die Fragen stellen.

Ich bitte vielmals um Entschuldigung. Ich kenne die Spielregeln eines Interviews. Und als Sportler respektiere ich Spielregeln selbstverständlich. Fragen Sie!

Sie reklamieren für sich, „als erster Römer mit dem gläsernen Ball anmutig gespielt" zu haben. Was meinen Sie konkret?

Ja, das ist etwas missverständlich. Eines der populärsten römischen Ballspiele besteht ja darin, keinen Ball auf die Erde fallen zu lassen. Das gibt Punktabzug für den Einzelspieler oder sein Team. Mit dem „gläsernen Ball" verlagert sich dieses Risiko auf einen Ballkünstler, der gewissermaßen als Jongleur unterwegs ist. Er muss die „Kugel" im Spiel halten, weil sie sonst zerschellt. Glas lässt bekanntlich nicht mit sich spaßen.

Sie sprechen aber auch von „Mitspielern". Haben Sie dieses gläserne Ballspiel auch auf eine Art Gemeinschaftsspiel angewandt, bei dem es darauf ankam, das empfindliche Gerät möglichst lange im Spiel zu halten?

Genau das. Und da blieben die Leute reihenweise stehen, schauten sich unser Kunstspiel an und zollten uns, wenn es lange gut ging oder einer den Ball in einer spektakulären Rettungsaktion vor dem Absturz bewahrte, begeistert Beifall.

Diese, wenn man so will, Beifallsorgien heben Sie ja in Ihren Versen unübersehbar und unüberhörbar hervor.

Es war auch so! Die Leute pflegen solchen sportiven Kunststückchen deutlich mehr zuzujubeln als hervorragenden geistigen Kabinettstückchen. Ich persönlich finde das problematisch. Aber es ist so und es hat mich und seine Mitspieler zu weiteren Leistungen angespornt.

Sie beziehen jetzt Ihre Mitspieler ein. In Ihrer Statueninschrift liest man aber fast nur von Ihnen.

Das ist auch nicht ganz falsch. Ich war schon der wichtigste Mann in unserer Ballspieltruppe – und auch der beste.

Der Star des Ballspiels?

Wenn Sie den Beifall der Leute als Anhaltspunkt nehmen, dann war das so. Wir Römer neigen ja nicht zu falscher Bescheidenheit. Nein, ich stand schon im Mittelpunkt des Interesses unserer Zuschauer.

Das waren Badegäste, wie Sie selbst schreiben: Sie geben sich als *den* Ballspiel-Star in allen Thermen Roms. Ging man damals in die Badeanstalt, um Sie zu sehen?

Nein, sicher nicht. Die Leute gingen und gehen in die Thermen, um sich ein paar entspannte Stunden zu gönnen, um sich in die Wannen mit warmem Wasser zu legen, um ein paar Züge zu schwimmen, um in die ganze luxuriöse Welt einzutauchen, die so ganz anders ist als die Normalwelt der meisten. Sie gehen dorthin, um ein bisschen Fitness durch Ringen, Ballspiel, Joggen oder andere körperliche Aktivitäten zu tanken. Oder auch, um die geistigen Angebote der Thermen – Dichterlesungen, Vorträge oder Gespräche mit anderen diskussionsfreudigen Badegästen – zu genießen. Aber nicht, um vorrangig irgendwelchen Ballspielern oder Akrobaten zuzuschauen. So etwas nehmen sie sozusagen mit, aber da regiert der Zufall. Die bleiben stehen, wenn ihnen etwas Spektakuläres in des Wortes doppelter Bedeutung geboten wird, etwas Sehenswertes, aus dem Rahmen Fallendes, aber das ist nicht der Grund, warum die Menschen in die Thermen strömen.

Sie fordern Ihre Anhänger aber auf, wir zitieren: „Kommt her und feiert mich! Und schmückt, Freunde, meine Statue mit Blumen, Veilchen und Rosen!“

Beim Jupiter, sind Sie humorlos! Oder naiv. Das ist doch keine direkte Aufforderung, das ist einfach nur Ausdruck der Verbundenheit zwischen mir und meinen Fans. Die wissen schon, wie das gemeint ist. Die sollen doch nicht in die Thermen kommen, um mir ihre Verbundenheit oder gar Ergebenheit zu demonstrieren! Das war früher! Wenn überhaupt.

Sie haben sich aus dem Showgewerbe mit dem Ball seit einiger Zeit aus Altersgründen zurückgezogen?

„Showgewerbe“ würde ich nicht sagen. Aber sonst haben Sie recht. Es schmerzt zwar etwas, mich als *senex*, „Alten“, bezeichnen zu müssen. Aber de facto ist es so. Ich habe kürzlich die Schwelle zur 50 überschritten.

Und widmen sich jetzt hauptsächlich dem Weingenuss?

Ganz so ernst ist das nicht gemeint, was ich da formuliert habe. Beachten Sie außerdem den Imperativ: Meine Anhänger sollen Wein an meiner Statue ausgießen.

Und Ihnen damit kultische Ehren erweisen?

Ach was, das ist doch ein spielerisches Motiv. Das können Sie doch nicht als Aufforderung zu einem regulären Opfer verstehen.

Sondern?

Als Appell, es sich gut gehen zu lassen, das Leben zu genießen – und den einen oder anderen Becher zu leeren – meinetwegen auf mein Wohl.

Die Weinsorten, die Sie erwähnen, sind aber schon das Beste vom Besten: Falerner, Setiner, Caecuber – alles Spitzenweine, gar nicht billig. Was uns vermuten lässt, dass Sie nicht nur im Ballspiel, sondern auch gesellschaftlich in der ersten Liga spielen. Gehören Sie zur gesellschaftlichen Elite Roms?

Wäre ich dann – noch dazu vor Zuschauern – ausgerechnet in den Thermen als Entertainer aufgetreten? Vertrüge sich das Ihrer Meinung nach mit den Standesvorschriften für Senatoren und Ritter?

Na ja, es sind auch schon Senatoren in den Thermen gesehen worden. In gewisser Hinsicht sind die Badepaläste ja klassenlos. Aber dass ein Angehöriger der führenden Stände den Entertainer für einfache Thermenbesucher gibt, das erscheint uns schon reichlich unwahrscheinlich und letztlich mit den Vorschriften standesgemäßen Verhaltens kaum im Einklang. Aber warum stellen eigentlich Sie schon wieder die Fragen?

Möglicherweise, weil Sie so verunsichert sind?

In gewisser Weise haben Sie recht. Sie sind eine rätselhafte Person.

Wieso eigentlich? Ich beschreibe mich doch recht offen: *senex, hilaris, iocosus*, „ein älterer Herr, heiter und zu Scherzen aufgelegt".

Eben dieses „Scherzhafte" macht es so schwer, hinter Ihre Maske zu schauen. Zumal Sie sich in den letzten Versen Ihrer Inschrift auch ziemlich kryptisch geben.

Kryptisch – wieso das?

Weil Sie da auf einmal einräumen, mittlerweile den Status des inoffiziellen besten Ballspielers eingebüßt zu haben. Mehrfach seien Sie Ihrem Patron Verus unterlegen, einem Mann, der dreimal Consul war. Von dem weiß man zwar, dass er in seiner Freizeit ganz gern Sport treibt. Aber als passionierter Ballspieler ist er nicht in Erscheinung getreten. Wie kann er da als Ihr „Nachfolger" zum Ballspiel-Star geworden sein? Manch einer deutet das Ballspiel als Allegorie für Politik. Sie hätten auf diese Weise klarmachen wollen, dass Verus Sie politisch in den Schatten gestellt habe. Ist es so?

Spielt sich Politik hauptsächlich in Thermen ab? Kennen Sie irgendeinen Präzedenzfall, bei dem Spitzenpolitiker sich in metaphorischer Weise mit Ballspielern verglichen hätten?

Sie fragen schon wieder. Aber gut: kennen wir nicht. Sodass es wohl wirklich um eine Art Wachablösung im Ballsport geht, wenn Sie sagen, Verus habe Sie mehrfach besiegt?

Das wäre doch denkbar.

Denkbar schon, aber angesichts der Person des neuen Champions wenig realistisch. Ihr Geheimnis, fürchten wir, haben wir auch mit diesem Interview nicht gelöst. Aber eine Frage können Sie uns doch noch beantworten.

Gern, nur zu!

Warum bezeichnen Sie sich im letzten Wort der Inschrift als *exordiarius*? Das ist ein ganz seltener Begriff und meint einen Spaßmacher, der nach einer Theateraufführung auf die Bühne tritt.

Ja, einer, der einen neuen Anfang macht. *exordium*, „Beginn", steckt darin. Einer, der sich am Ende des Alten einen weiteren Spaß erlaubt. Meinen Sie nicht, dass das ein gelungenes Schlusswort ist – auch für unser Interview?

Sie fragen – und wir antworten mal wieder: ja!

„Kontaktanbahnung am stillen Örtchen"
VACERRA, MAHLZEITENJÄGER

Vacerra ist eine fiktive Gestalt, wie sie im 1. Jahrhundert n. Chr. gelebt haben könnte. Der Satiriker Martial verwendet den Namen mehrfach in seinen Spottepigrammen, um menschlichen Schwächen und gesellschaftlichen Fehlentwicklungen gewissermaßen ein persönliches Gesicht zu geben. In einem Epigramm (XI 77) führt er Vacerra auch als Typus des Mahlzeitenjägers vor.

Wir treffen Sie hier auf dem Marsfeld, wo sie Joggern und anderen Sporttreibenden zusehen, allerdings ein bisschen verbissen, wie uns scheint. Wie war Ihr Tag, Vacerra?

Sie sehen das schon ganz richtig. So wirklich gut war der Tag noch nicht. Aber es ist ja erst früher Nachmittag; von daher kann es noch werden.

***Was* kann noch werden?**

Der Tag kann noch einen schönen Abschluss bekommen – in Gestalt eines üppigen Gastmahls.

Das weiß man doch meist schon Tage vorher, wenn die Gastgeber die Einladungen verschicken.

Ich setze mehr auf Spontan-Einladungen – auch von Unbekannten. Ich lerne gerne Leute kennen. Am liebsten an einer gut gedeckten Tafel.

Sie sind also ein habitueller – wie sagt man?: Mahlzeitenjäger? Oder Schnorrer?

„Schnorrer" bitte nicht; das klingt abfällig und überheblich. „Jäger" ist deutlich positiver.

Sie machen gewissermaßen Jagd auf potentielle Gastgeber, liegen auf der Lauer, um eine Einladung zu schnorren, pardon: zu erjagen.

Ich weiß, dass manche Leute über unsereins die Nase rümpfen. Aber das ist mir egal. Spätestens bei einem duftenden Braten und einem Glas funkelndem Falerner kommt man schnell darüber hinweg. Und erst recht, wenn noch manche anderen Leckerbissen aufgetischt werden.

Sie sprechen Passanten hier auf dem belebten Marsfeld einfach an und bitten um eine Einladung zum Essen?

Noch plumper geht's ja wohl nicht! Nein, man kommt nett ins Gespräch, plaudert über dieses und jenes, vielleicht auch über kulinarische Vorlieben, und am Ende steht dann, wenn man Glück hat, eine Einladung.

Erstaunlich, dass Menschen Wildfremde zum Essen einladen!

Manchmal sind es auch Bekannte, die man ganz „zufällig“ trifft. Und bei den neuen Bekanntschaften klappt das auch nicht einfach so. Man muss sich schon ein bisschen anstrengen, sich als netter Mitmensch präsentieren.

Gut, Sie machen den Eindruck eines Kumpel-Typs auf gehobenem Niveau, wenn wir das so formulieren dürfen. Ein kommunikativer, leutseliger Zeitgenosse – aber den lädt man doch nicht so mir nichts, dir nichts zu sich nach Hause ein – zum gemeinsamen Essen mit Freunden? Gibt es Tricks? Verraten Sie es uns.

Jeder Mensch freut sich, wenn er über sich etwas Positives hört. Schauen Sie sich den Läufer an, der gerade bei uns vorbeigekommen ist und jetzt eine kleine Pause einlegt. Der wird nichts dagegen haben, wenn Sie sich zwanglos zu ihm stellen und ihm Komplimente für seine Schnelligkeit und Ausdauer machen. Da ist ja ein zweiter Achill in Rom auf dem Marsfeld unterwegs! Verstehen Sie?

Aha, Sie schmeicheln Ihren Gastgebern in spe.

Das funktioniert in aller Regel gut. Übrigens auch während des Gastmahls selbst, wenn der Gastgeber aus eigenen Werken vorliest. Auch wenn's nicht besonders erhellend und unterhaltsam ist, sorgen kräftiger Applaus und ein paar anerkennende Worte für die erstaunliche literarische Leistung dafür, dass du dort nicht nur einmal zu Gast gewesen bist.

Sie bauen sich also auch eine Art Kundenstamm auf?

Ich verstehe, was Sie meinen. Obwohl ja eigentlich ich der „Kunde“ bin. Vielleicht sollten wir lieber von einer „Gastgeber-Datenbank“ sprechen. Die musst du allerdings kontinuierlich pflegen und erweitern – auch kein leichter Job.

Sie Ärmster, Sie haben unser volles Mitleid.

Schon gut, brauche ich nicht.

Gibt es weitere Tricks, die Distanz zum Gegenüber rasch abzubauen und sich ihm interessant und sympathisch zu machen?

Manche Kollegen verlegen sich auf Klatsch, spektakuläre Nachrichten, Sensationsmeldungen sozusagen. Die Hälfte davon ist brutal erfunden, kann ja eh keiner nachprüfen, ob der König soundso in Kleinasien gerade 50 Frauen geheiratet oder eine Bärin in Germanien 50 Junge geworfen hat. Mir persönlich liegen diese Lügenstorys nicht so. Da brauchst du auch ein gutes Gedächtnis, um dich an alle deinen eigenen Geschichten zu erinnern.

Sie jagen heute hier auf dem Marsfeld und haben offenbar die Sport treibenden Zeitgenossen im Visier. Welche anderen Jagdgründe sind aussichtsreich?

Alle Örtlichkeiten, an denen sich viele Leute aufhalten und Zeit mitbringen. Hier sind es die Erholungspausen der Sportler, in denen man den Small Talk starten kann. Über ihr sportliches Hobby reden sie ja gerne. Säulenhallen sind auch gute Kontaktanbahnungszonen. Da geht so mancher in aller Ruhe spazieren. Wer flaniert, ist grundsätzlich ansprechbereit. Oder die Einkaufsstraßen mit den Edelboutiquen. Beim Window Shopping kommt man prima und ganz ungezwungen ins Gespräch. Oder selbst die Gerichtshallen. Was glauben Sie, wie zutraulich Rechtsanwälte werden, die gerade noch rhetorisch getobt haben, wenn du ihnen „Bravo!“ zurufst, „Ganz großartig!“, „Klasse Plädoyer!“. Da fragt schon mal einer ganz schnell, ob du am Nachmittag bereits etwas vorhast. Der ist ganz heiß darauf, dass du seinen Freunden bei Tisch vorschwärmst, wie toll er heute war! Für Bewunderung sind alle diese kleinen Ciceros sehr empfänglich. Der große war es ja auch.

Was ist mit den Thermen?

Super Reviere! Die Leute liegen da behaglich in der Badewanne, lassen sich genüsslich massieren, spielen locker Ball – kurz, die haben Zeit und freuen sich über ein Pläuschchen. Eigentlich eine ideale Konstellation.

Aber?

Da wimmelt es an manchen Tagen vor Kollegen. Es tummeln sich ja etliche auf dem Mahlzeitenjägermarkt. Und das nervt dann auch schon mal Badegäste, die eigentlich als Opfer in Frage kämen. Wenn die schon ein paarmal angequatscht worden sind, machen die zu, nehmen Reißaus oder werden verbal ausfallend. Alles schon erlebt!

Haben Sie noch ein „heißes“ Revier in petto?

Eines gibt es noch – ein *sehr* aussichtsreiches. Aber darauf muss man erst mal kommen.

Sie machen es spannend. Also: Welches?

Die Latrine. Da stoßen Sie auf zahlreiche *consessores* („Mitsitzer“) und hocken da in trauter Runde – ohne störende Trennwände, ausgesprochen kommunikativ. Und je besser das Publikum, umso mehr Zeit nimmt es sich. Am besten sind die Prachtlatrinen, wo sich das gehobene Bürgertum trifft. Aus so manchem ungezwungenen Latrinenplausch hat sich schon ein opulentes Diner entwickelt.

Ist da nicht die übliche Reihenfolge etwas durcheinandergeraten? Von der Latrine aufs Speisesofa statt umgekehrt?

Mit Ihrer bürgerlichen Logik bringen Sie es nie zum erfolgreichen Mahlzeitenjäger! Unkonventionell ist Trumpf. Außerdem brauchen Sie Ausdauer.

Sie halten sich länger auf Gemeinschaftstoiletten auf?

Ja sicher, wenn's nötig ist zum Essen, auch schon mal stundenlang. Kontaktanbahnungsrevier der Spitzenklasse, sage ich Ihnen!

Mit Stolz und Würde hat das wenig zu tun. Macht man sich da als Mahlzeitenjäger nicht ziemlich klein, geradezu zum Sklaven seines Bauches?

Das musst du dir halt rechtzeitig klarmachen, wenn du diese Karriere einschlägst: Frei *und* gefräßig – das passt nicht zusammen.

„Anwälte sind scharf auf Beifall!“
SPURIUS SENTINA, GERICHTSCLAQUEUR

Spurius Sentina ist eine fiktive Gestalt, der wir im späten 1. Jahrhundert begegnet sein könnten. In der Sache – dem „Anmieten“ von Gerichtsclaqueuren – beruht unser Interview weitgehend auf einem Brief des Jüngeren Plinius (II 14).

Sind alle Gerichtsschlachten geschlagen? Wie war Ihr Tag, Spurius Sentina?

Kommt darauf an, von welcher Warte aus man es sieht. Finanziell durchaus zufriedenstellend, aber vom Verlauf her lang. Deutlicher gesagt: langweilig. Der Tag zog sich hin, man hätte sich interessantere Unternehmungen vorstellen können als stundenlang Anwälten hier im Centumviralgericht zuzuhören.

Es soll auch anderswo vorkommen, dass der Lohn das Schmerzensgeld für eine nicht ganz so motivierende Arbeit ist.

Einverstanden. Aber Sie hatten mich gefragt.

Und Sie haben ehrlich darauf geantwortet. Dafür besten Dank – und erst recht dafür, dass Sie sich für ein Gespräch mit uns zur Verfügung stellen und sich damit in gewisser Weise outen.

Wieso „outen“? Ich tue doch nichts Illegales oder Anstößiges. Ich unterstütze einen Anwalt vor Gericht mit meiner Stimme. Warum sollte ich zu dieser Dienstleistung nicht stehen?

Manche meinen, weil Sie sich dafür bezahlen lassen. Eigentlich sollte Beifall eine freiwillig gezollte Anerkennung für eine Leistung sein oder sogar, etwas pathetisch formuliert, Ausdruck von Begeisterung oder jedenfalls spontaner Zustimmung zu dem, was ein anderer Mensch sagt oder tut.

Sie meinen, die Kommerzialisierung von Beifall, um es glasklar beim Namen zu nennen, sei verwerflich?

Verwerflich nicht, aber vielleicht moralisch fragwürdig oder zumindest gewöhnungsbedürftig. Das Phänomen des gekauften Beifalls ist ja ziemlich neu.

Aber nur im Gerichtssaal – obwohl ich auch da meine Zweifel habe. Früher wurde das vielleicht etwas diskreter betrieben, heute stehen Auftraggeber irgendwo in einer Ecke des Gerichtsgebäudes und zahlen die Beifallspender aus. Aber egal, auf vielen anderen Gebieten gibt es das in ähnlicher Weise. Die lautstark bekundete Zustimmung zu Politikern schon in der Zeit der Republik war auch nicht selten durch Gegenleistungen – vulgo Wahlgeschenke – erkauft. Oder denken Sie an den organisierten Beifall bei den öffentlichen Spielen. Der hat auch oft genug irgendeinen materiellen Hintergrund. Wobei sich manch einer ja noch gut an Kaiser Nero erinnern kann. Dessen Claqueurtruppe war mehrere Tausend Köpfe stark, wenn es darum ging, den Sänger, Schauspieler oder Wagenlenker Nero zu bejubeln. Und die haben das zu einem ganz anderen Tarif gemacht als unsereiner!

Sie haben das Phänomen dankenswerterweise eingeordnet. Wir wollten Sie auch gar nicht persönlich angreifen, sondern nur andeuten, dass Kritiker sogar von „Korruption" oder „Manipulation" sprechen. Das ist aber nicht *unsere* Wortwahl!

Ich bin da gar nicht so empfindlich. Mir ist das ziemlich egal, was Leute mit dickem Geldbeutel davon halten. Die können sich Ethik leisten, ich muss meine Familie ernähren – Frau und zwei Kinder, das dritte ist unterwegs.

Und da verdingen Sie sich als Claqueur. Wie kommt man dazu?

Es ist ein paar Monate her, da verfolgte ich als ganz normaler Zuschauer einen Prozess hier im Centumviralgericht in der Basilica Iulia auf dem Forum Romanum. Wie meist ging es um eine Erbschaftssache. Eine ziemlich spektakuläre, weil sich zwei prominente Persönlichkeiten gegenüberstanden mit entsprechend guten Anwälten. Da sprach mich ein sehr freundlicher Herr an. Er habe mich eine Zeit lang beobachtet und aufgrund meines Beifallsverhaltens, um es mal so zu nennen, gesehen, welcher Prozesspartei meine Sympathie gelte. Ob ich mir vorstellen könne, im weiteren Verlauf des Prozesses beim Beifall noch etwas stärker aus mir herauszugehen – und dafür eine finanzielle Entschädigung zu erhalten?

Da haben Sie vermutlich nicht nein gesagt.

Warum sollte ich? Das war seinerzeit praktisch bezahlte Freizeit. Und verbiegen musste ich mich auch nicht. Der Vermittler hatte schon ganz richtig erkannt, wem ich die Daumen drückte.

Beide Seiten waren zufrieden mit dem „Deal"?

Genau. Es gab keine Probleme. Ich wurde sofort nach der Urteilsverkündung bezahlt und gefragt, ob ich demnächst für weitere Beifallsdienstleistungen bereitstünde. Ich habe ja gesagt – und lebe seitdem ganz gut davon.

Hängt das Honorar vom Ergebnis des Prozesses ab?

Nein, überhaupt nicht. Es bemisst sich nach der voraussichtlichen Dauer des Prozesses oder wird tageweise ausbezahlt. Manchmal, je nach Verhandlungsgegenstand, auch nur für einen halben Tag oder ein paar Stunden. Wenn man es geschickt plant, kann man auch mehrere Engagements pro Tag eingehen. So war es heute. Ich war für drei Prozesse engagiert. Die hielten sich auch im erwarteten Zeitrahmen, waren allerdings Massenware, wenn ich so sagen darf, und entsprechend öde – was nicht nur an den Anwälten, sondern auch an den gegnerischen Parteien lag. Richtig hitziger Streit wollte da nicht aufkommen.

Dürfen wir nach der Höhe des Honorars fragen?

Das ist unterschiedlich. Es gibt keine fixen Sätze. Aber sagen wir es so: Es ist in der Regel mehr, als der normale Klient von seinem *patronus* erwarten kann. Und auch etwas mehr, als ein Facharbeiter verdient. Ich kann damit keine großen Sprünge machen, aber wir haben unser Auskommen. Und können sogar einen kleinen Notgroschen zurücklegen – was ja nur den wenigsten Leuten möglich ist.

Worin besteht Ihre Gegenleistung genau?

Ganz allgemein den Anwalt meiner „Partei“ zu unterstützen, gute Stimmung für ihn zu machen, seine Rede mit Beifallsgesten und -rufen zu „verstärken“, in Mimik und Gestik deutlich zu machen, dass er der bessere, überzeugendere Anwalt ist.

Kein Applaus mit dem Zusammenschlagen der Hände, sondern Beifall sozusagen in verbalisierter Form?

Richtig. Beispielsweise Zurufe wie *graviter*, „Das hat gesessen!“ beziehungsweise „Gut gepunktet!“, *effecte*, „Prima!“, „Klasse!“, *sophos*, „Bravo!“ und so weiter. Und das schön laut! In unseren Gerichtssälen herrscht ja stets große Unruhe. Die Leute kommen und gehen, wie sie wollen, schwatzen herum – oder bringen sich sozusagen mit Zurufen und Kommentaren in die Verhandlung ein. Mit leisen Tönen kommen Sie da nicht weiter.

Sind Sie auch zum Buhen und Zischen gegenüber der Gegenseite verpflichtet?

Nein, das tut man nicht. Jedenfalls hat das von mir noch keiner verlangt, auch nicht unser *mesochorus*.

Wer ist das?

Wenn man so will, unser Regisseur oder Dirigent, der unserer Truppe die Einsätze gibt.

Sie entscheiden also gar nicht selbst, wann Sie Ihren Beifall spenden?

Im Allgemeinen nicht. Das wird vom *mesochorus* koordiniert – auch, damit nicht irgendein tumber Tor zur Unzeit dazwischenruft. Ganz so exquisit ist unsere Dienstleitungscorona nämlich auch nicht, das muss ich zugeben. Da gibt's auch einige, die sich wenig professionell verhalten und entsprechend an die Kandare genommen werden müssen.

Was bedeutet das: sich nicht professionell verhalten?

Die folgen dem Prozess überhaupt nicht oder mit gelangweiltem Gesichtsausdruck, hören nicht richtig zu oder tuscheln sogar miteinander. Die brauchen wirklich einen, der ihnen sagt, was und vor allem wann sie es zu tun haben.

Und das fällt nicht auf, dass da bestellte Claqueure auf einmal loslegen?

Vergessen Sie nicht, dass ja auch neutrale Zuschauer und vor allem die Angehörigen der Prozessparteien mit im Beifallsspiel sind! Da geht es manchmal recht – ich will nicht sagen: chaotisch, aber doch sehr, sehr lebhaft, laut und unübersichtlich zu.

Wer ist denn Ihr eigentlicher Auftraggeber? Der Anwalt oder sein Mandant?

Mein unmittelbarer Auftraggeber ist der Vermittler, der Leute wie mich anspricht und unter Vertrag nimmt. Der ist für den Anwalt tätig, nicht für seinen Mandanten.

Was hat denn der Anwalt davon? Klar, er will den Prozess gewinnen. Da hilft der Beifall sicher, einen Teil der Richter zu beeindrucken oder sogar zu beeinflussen. Aber der eigentliche Nutznießer dieses – na ja, ungewöhnlichen Verfahrens ist doch der Mandant!

Sie übersehen das Eigeninteresse des Anwalts. Der will glänzen, der will sich vor der Öffentlichkeit als brillanter Sachwalter empfehlen, als geschickter Rhetoriker mit möglichst durchschlagenden Argumenten. Gerade im Centumviralgericht hat schon so mancher Anwalt den Grundstein für eine politische Karriere gelegt; auch weil gerade hier spektakuläre Prozesse verhandelt werden und bei Erbschaftsstreitigkeiten die High Society Roms hier aufläuft. Da ist jeder Beifall sozusagen ein Karrierebaustein. Glauben Sie mir: Anwälte sind ganz scharf auf Beifall!

Sie haben vorhin selbst die Parallele zu den öffentlichen Spielen gezogen. Würden Sie so weit gehen, auch das Auftreten der Anwälte vor Gericht als Show zu bewerten, die durch Claqueure noch ein bisschen mehr Entertainment-Qualität bekommt?

Unbedingt. Das ist aber keine neue Erkenntnis, dass der Redner auch und gerade vor Gericht alle Register zieht und sozusagen den Schauspieler gibt. Das können Sie in jedem mittelmäßigen Rhetorik-Handbuch nachlesen. Wenn Prozesse in Rom Unterhaltungswert haben, dann wegen des Auftretens, der Rhetorik und der Showqualität der Anwälte, nicht so sehr wegen der juristischen Sachfragen, über die gestritten wird.

So gesehen, scheint es zumindest Ihnen nur konsequent, dass Sie als Claqueur gewissermaßen die theatralische Dimension der Prozess-Bühne erweitern?

Das haben Sie aber sehr schön formuliert. Vor allem klang es nicht mehr so negativ wie zu Anfang des Interviews, als sie vom „Outing" sprachen.

Können Sie denn, was den Ausgang „Ihrer" heutigen Prozesse angeht, eine positive Bilanz ziehen? Hat sich Ihr Einsatz auch insofern gelohnt?

Eigentlich schon: Zweimal gewonnen, einmal verloren.

War die verloren gegangene Causa juristisch stärker oder der Anwalt der Gegenseite tüchtiger?

Weder noch. Die Unterstützung war besser. Die hatten eine größere und besser aufeinander eingespielte Claqueurtruppe beisammen.

„Frauen müssen im Arztberuf besser sein"
VALERIA VERECUNDA, HEBAMME UND ÄRZTIN

Valeria Berecunda (= Verecunda) ist durch ihre Grabinschrift in Erinnerung geblieben (CIL VI 9477 = Dessau ILS 7806). Sie lebte im 3. Jahrhundert in Rom und starb im Alter von 34 Jahren. Die Inschrift rühmt sie als iatromea regionis suae prima, *„führende Hebammen-Ärztin ihres Bezirks".*

Sie sind auf dem Wege zu einer Patientin, nehmen sich aber dankenswerterweise ein bisschen Zeit für uns. Wie war Ihr Tag, Valeria Verecunda?

Es war ein Tag der Routine. Ein paar Beratungen und Behandlungen in meiner Praxis, drei Hausbesuche, ein bisschen Fachlektüre, ein eher zufälliges Gespräch mit einem Kollegen, in dem es auch um fachliche Fragen ging, aber keine Geburt. Hoffentlich sind Sie jetzt nicht enttäuscht. Geburten erwarte ich erst wieder in drei, vier Tagen. Obwohl sich das natürlich nicht so exakt voraussagen lässt.

Das heißt: Sie sind in ständiger Rufbereitschaft.

Das gehört zum Beruf einer Hebamme. Auch, dass es nachts an der Tür klopft und man mitten aus dem Schlaf zum Einsatz gerufen wird.

Gewöhnt man sich an solche nächtlichen Einsätze?

Eigentlich nicht, muss ich ehrlich sagen. Mir sind Tagesgeburten deutlich lieber – auch wegen des Weges zum Einsatzort. In Rom ist nachts ja alles finster, wenn nicht gerade der Mond hell scheint. Da stolpert man ganz schön über das Pflaster, in der einen Hand den Hebammenkoffer, in der anderen die Fackel.

Wie groß ist Ihr „Operationsgebiet"?

Ich beschränke meine ärztliche und geburtshelferliche Tätigkeit auf einen Umkreis von zwei Kilometern, sodass ich auch im dicksten Verkehrsgewühl in vertretbarer Zeit vor Ort bin.

Sie haben sich eine ungewöhnliche Berufsbezeichnung ausgesucht. Sie nennen sich *iatromea*. Die übliche Bezeichnung für „Ärztin" ist *medica*, die für „Hebamme" *obstetrix*.

Ich möchte auf diese Weise deutlich machen, dass ich beides bin: Ärztin und Hebamme. Deshalb das aus beiden griechischen Begriffen zusammengezogene Kunstwort.

Warum ein griechisches Kunstwort? Haben Sie hauptsächlich mit einer Griechisch sprechenden Klientel zu tun?

Ich habe auch Patientinnen, die griechische Muttersprachler sind, das stimmt. Das sind ja in diesem ethnischen Schmelztiegel Rom nicht wenige. Aber das ist nicht der Grund. Ich möchte zu erkennen geben, dass ich mich in der griechischen Heilkunde-Tradition sehe. Die meisten großen Ärzte – Theoretiker wie Praktiker – stammen ja nach wie vor aus dem Osten des Reiches.

Also eine Art Qualitätsausweis?

Wenn Sie so wollen. Als Frau hat man es ja nötig, um es salopp auszudrücken. Es gibt nur wenige Ärztinnen, die Medizin ist immer noch weitgehend eine Männerdomäne. Da sind viele skeptisch gegenüber der Kompetenz einer Frau auf diesem Gebiet.

Aber Hebammen sind doch voll anerkannt – ein geradezu klassischer von Frauen ausgeübter Heilberuf.

Schon, aber das betrifft sozusagen nur das Handwerkliche, die operative Geburtshilfe. Ich bin aber breiter ausgebildet und, wie man heute sagt, aufgestellt als die normale Nur-Hebamme. Eine Ärztin eben, die Wissen und Erfahrung weit über die Geburtshilfe hinaus besitzt.

Könnte man von einer „Frauenärztin" oder einer „Ärztin für Frauenkrankheiten" sprechen?

Der zweite Begriff beschreibt meine Tätigkeit ganz gut. Auch wenn man grundsätzlich nicht von einem ganzheitlichen medizinischen Ansatz abgehen sollte, ist eine gewisse Spezialisierung recht sinnvoll: Augenärzte, Ohrenärzte, Chirurgen, Zahnärzte und eben Ärzte für Frauenkrankheiten, wie sie in der wissenschaftlichen Literatur auch zunehmend erörtert werden.

Sie informieren sich auch über die Fachliteratur?

Die wichtigen Klassiker seines Fachgebietes sollte, finde ich, jeder gelesen haben, der sich Arzt nennt, also etwa in der Gynäkologie das wichtige Handbuch des Soranos über Frauenkrankheiten. Und eben die Augen offen halten, was es auf dem Fachbuchmarkt an Neuheiten gibt, die für den Praktiker von Interesse sind. *So* viel erscheint da ja nicht, dass man als Praktiker überfordert wäre, sich damit auseinanderzusetzen.

Mit dieser Forderung stehen Sie aber ziemlich allein. Nach unserem Eindruck nehmen die Kliniker – die an der *klíne*, dem Krankenbett, Arbeitenden – das,

was die schreibende Medizin produziert, kaum oder jedenfalls nur zögerlich zur Kenntnis.

Da stimme ich Ihnen zu. Die meisten Kolleginnen und Kollegen meinen, die praktische Ausbildung und Arbeit reichten vollkommen aus, um als kompetenter Arzt tätig zu sein. Ich sehe das etwas anders – und verstehe auch nicht die Animositäten zwischen den klinischen und den forschend-schreibenden Ärzten.

Einen beruflichen Mindeststandard für Ärzte oder gar eine staatliche Aufsicht und Zulassung gibt es aber nach wie vor nicht?

Nein. Wenn man es auf den Punkt bringen will, heißt das: Arzt ist, wer sich so nennt. Wie viel er von seinem Metier versteht, das entscheidet gewissermaßen der Markt. Wer ständig Fehldiagnosen stellt oder unwirksame Behandlungen durchführt, verliert Patienten. Und es spricht sich natürlich herum.

Manchmal möglicherweise zu spät?

Ich kann Ihnen da nicht widersprechen. Andererseits meine ich schon, dass die meisten Kollegen keine Scharlatane sind.

Und auch nicht die – wenigen – Kolleginnen?

Die erst recht nicht. Die stehen, wie gesagt, unter besonderer Beobachtung. Als Frau müssen Sie in dem Beruf grundsätzlich besser sein, sonst aktivieren Sie alle Vorbehalte der Männer.

Wie sind Sie ausgebildet worden?

Neben dem Studium wichtiger Fachliteratur natürlich in erster Linie am Krankenbett. Ich habe etwa drei Jahre lang bei einem erfahrenen Mediziner famuliert; der hatte außer mir noch einen weiteren Assistenten. Die meisten Besuche haben wir zu dritt gemacht. Da muss man gut zuhören und genau hingucken, wie der Ausbilder untersucht, Diagnosen stellt und die Krankheiten behandelt. Patienten, die nicht zu schwach sind, suchen natürlich den Arzt in seiner Praxis auf. Ich hatte eine Wohnung im Hause meines Lehrers, deshalb war ich bei seinen Praxissprechstunden auch immer dabei.

Und irgendwann hatten Sie den Eindruck, genug zu wissen, und haben Ihre eigene Praxis eröffnet.

Ich höre da eine gewisse Skepsis heraus. Was heißt „den Eindruck haben"? Dem sind auch Gespräche mit meinem Ausbilder vorangegangen sowie eigene Untersuchungen und Behandlungen unter Anleitung und

Aufsicht meines Mentors. Wenn Sie drei Jahre Famulatur für eine zu kurze Ausbildungszeit halten, dann schauen Sie sich mal auf dem Mediziner-„Markt" um! Da werden Sie in vielen Fällen auf deutlich kürzere Lernzeiten stoßen. Oder auf gar keine – obwohl das sicher nicht häufig vorkommt.

Man benötigt ein gewisses Startkapital für die Selbstständigkeit.

Natürlich. Man braucht zunächst eine günstig gelegene Praxis. Da müssen eine Kline als Behandlungsliege, ein paar Stühle und Schränke hineinpassen, mehr nicht. Trotzdem: Hier in Rom ist die Situation auf dem Immobilienmarkt immer noch angespannt, auch wenn die Einwohnerzahl seit einiger Zeit zurückgeht. Die Mieten sind, verglichen mit anderen Städten, sehr hoch.

Und dann benötigen Sie auch noch Instrumente?

Die sind auch nicht gerade billig. Das sind Präzisionsinstrumente; die Medizintechnik hat sich sehr erfreulich entwickelt in den letzten zwei Jahrhunderten. Es gibt Spezialhersteller, die alles im Programm haben: Sonden und Zangen, Schröpfköpfe und Spezialmesser, Pinzetten, Nadeln und Haken sowie Specula zur Untersuchung von Vagina und Rectum. Gerade bei den Specula zeigt sich übrigens, wie prima sich griechische Medizinwissenschaft und römische Technik ergänzen können. Solche Specula mit Schraubgewinde hat erst römisches Handwerker-Know-how hervorgebracht.

Man hat den Eindruck, dass Sie in Ihrem Beruf aufgehen.

Das stimmt. Ich bin Hebamme und Ärztin aus Leidenschaft. Ich nehme meinen Beruf ernst, und ich glaube, meine Patientinnen spüren das. Da erlebt man viel herzliche Dankbarkeit. Und ich freue mich auch, wenn ich ein bisschen zur Akzeptanz weiblicher Mediziner beitragen kann.

Sind Sie, etwas indiskret, aber doch recht allgemein gefragt, mit dem Verdienst zufrieden, den Sie erzielen?

Sagen wir: nicht unzufrieden. Es könnte mehr sein. Aber zum Leben reicht es allemal. Auch mein Mann hat seinen Beruf; deshalb leiden wir weder Not noch haben wir Zukunftssorgen.

Aber?

Na ja, wenn man sich anschaut, was Leibärzte reicher Familien verdienen – von kaiserlichen Leibärzten ganz zu schweigen – oder Modeärzte, die mit Riesenversprechen und angeblich völlig neuen Therapien irre

Honorare von finanziell potenten Patienten einsammeln, dann kommen einem schon mal Zweifel, ob man seine Arbeitskraft und sein Wissen nicht zu preiswert verkauft.

Eine feste Stellung als Leibärztin in wohlhabendem Hause – wäre das etwas nach Ihrem Geschmack?

Finanziell schon, aber vom medizinischen Anspruch eher nicht. Da ist eine auf Frauenkrankheiten spezialisierte Ärztin schnell unterbeschäftigt – und erst recht eine gern praktizierende Hebamme! So gebärfreudig sind unsere Oberschicht-Damen ja nun wirklich nicht, dass sie eine exklusive Hebamme bräuchten. Nein, es ist schon ganz gut so, wie es ist. Ich strebe keine Veränderung an.

Dann wünschen wir Ihnen noch ganz viele glückliche Geburten und erfolgreiche Therapien. Herzlichen Dank für das Gespräch!

„Honorare für Autoren? Sonst noch was?"
TRYPHON, BUCHHÄNDLER UND VERLEGER

Der Epigrammatiker Martial bezeichnet Tryphon als bibliopola, *griechisch für „Buchhändler" (XIII 3, 4). Wichtiger aber war er für ihn als Verleger seiner Gedichte. Auch Quintilians bis heute berühmtes Rhetorik-Lehrbuch* Institutio oratoria, *„Ausbildung des Redners", erschien zunächst in Tryphons Verlag. Im Geleitwort mahnt Quintilian „Zuverlässigkeit und Sorgfalt" an, damit sein Werk „so fehlerfrei wie möglich in die Hand der Menschen gelangt" (praefatio 3). Tryphon lebte im 1. Jahrhundert in Rom.*

Schön, dass Sie sich ein bisschen Zeit für uns nehmen! Wie war Ihr Tag, Tryphon?

Er hätte nicht besser sein können!

Das freut uns sehr – so uneingeschränkt positive Antworten bekommen wir selten. Verraten Sie uns, was Sie so zufrieden macht?

„Zufrieden" ist gar kein Ausdruck. Glücklich! Der große Quintilian hat mir heute Morgen endlich zugesagt. Er arbeitet jetzt ganz intensiv an seinem Lehrbuch über Rhetorik – ein Alterswerk, auf das wir uns alle freuen können. Es wird dereinst sicherlich zu den ganz großen Würfen in der Theorie der Redekunst zählen.

Sie sagen „endlich". Wollte er nicht so recht?

Er hat immer davon gesprochen. Und ich habe ihn ermutigt, ihn gedrängt – und am Ende auch etwas bedrängt, fürchte ich. Aber wenigstens mit gutem Ausgang.

Und „zugesagt" bedeutet, dass er es von Ihnen verlegen lässt?

Verlegen und in meinem Buchgeschäft hier vertreiben. Das ist eine große Ehre, als Verlagsbuchhändler das Werk eines so bedeutenden Rhetoriklehrers betreuen zu dürfen.

Quintilian ist aber nicht Ihr erster Spitzenautor?

Das stimmt. Ich arbeite mit einer Reihe nicht ganz unbekannter Literaten zusammen. Der prominenteste ist Martial. Ein wunderbarer Satiriker – scharfzüngig, schonungslos und handwerklich perfekt! Sie werden seine Spott-Epigramme kennen?

Und ob. Wirklich ein begnadeter Spötter! Und einer, der sehr genau hinguckt

und uns den Spiegel ziemlich schonungslos vorhält. Und so etwas verkauft sich auch gut? Die Leute sind gar nicht so empfindlich, wenn sie sich ertappt fühlen?

Müssen sie ja auch nicht – Martial arbeitet doch nur mit fiktiven Namen. Niemand muss sich in diesen erfundenen Figuren wiedererkennen, wenn er nicht will.

Stimmt. Das könnte den Erfolg des Autors erklären.

Zumindest zum Teil. Jedenfalls wird er ungeheuer nachgefragt. Meine *librarii* arbeiten Tag und Nacht, um genügend Kopien herzustellen – etwas übertrieben formuliert.

Der Produktionsprozess beginnt also bei Profi-Abschreibern?

Sicher. Wie anders sollte man ein Werk vervielfältigen? Das sind gut ausgebildete Spezialisten, die im Akkord arbeiten und bis zu 500 Verse pro Stunde schaffen. Manche lassen sich auch diktieren, aber das hat sich nicht so bewährt – ein Verfahren, das zu fehleranfällig ist.

Wie hoch ist die Auflage bei Martial? Und welche Auflage planen Sie bei Quintilian?

Das hängt von der Nachfrage ab. Bei neuen Martial-Büchern überspringen wir locker die Tausender-Grenze. Quintilian wird sicher schwerer verkäuflich sein, zumal es als Gesamtwerk erscheint, nicht in einzelnen Büchern. Aber die Römer kaufen gerne Bücher, wir Buchhändler können uns über das Kaufinteresse hier nicht beklagen. Ob das, was gekauft wird, auch gelesen wird, steht auf einem anderen Blatt, ist aber für die Auflagenkalkulation irrelevant.

Die „Raubkopien" der Konkurrenz ziehen Sie nicht ins Kalkül?

Doch, sicher. Wobei ich nicht von „Raubkopien" sprechen möchte. Sobald ein Buch erschienen ist, darf jeder Abschriften davon herstellen und verkaufen. Das ist absolut legal – und auch ich verkaufe natürlich nicht nur Bücher, die ich von den ursprünglichen Verlegern beziehe.

Es gibt demnach keinerlei Schutzvorschriften für geistiges Eigentum?

Ich weiß nicht recht, wovon Sie sprechen. Was öffentlich vorliegt, ist für jedermann da, und er kann damit machen, was er will. Das ist doch ganz normal. Die Frage ist nur, wie zuverlässig die Ausgabe ist.

Da haben die Erstverleger einen deutlichen Startvorteil, weil sie mit den Autoren so eng zusammenarbeiten und den Zugriff gewissermaßen auf das Originalmanuskript haben?

Wenn ein Starautor wie Martial in einem neuen Buch ausdrücklich darauf hinweist, dass er Tryphon mit der Herausgabe seiner Werke betraut, dann hat das natürlich einen großen Authentizitätsvorteil vor der Konkurrenz. Das bei Tryphon verlegte „Original" ist bei Weitem wertvoller als die von einem Lucius Maurus in Karthago oder die von einem Gaius Ibericus in Spanien produzierte Kopie.

Was verdient eigentlich der Autor an seinen Werken?

Was meinen Sie?

Welcher Anteil am Verkaufserlös in die Tasche des Urhebers fließt.

Ein merkwürdiger Gedanke! Der Autor kann doch froh und glücklich sein, wenn er überhaupt einen Verleger findet, der seine Werke kopieren lässt beziehungsweise einen, der mit seinem Manuskript sorgfältig, respektvoll und philologisch sauber umgeht. Dafür kann er doch nicht noch Geld fordern! Honorare für Autoren? Sonst noch was?

Und wovon lebt er?

Entweder von seinen Einkünften aus Großgrundbesitz wie jeder andere ehrenwerte Bürger oder, wenn er nicht zur Oberschicht gehört, von Maecenaten, die ihn finanziell unterstützen – und denen er im Gegenzug sein Werk widmet. Aber es kann doch nicht Aufgabe des Verlegers sein, den Autor zu alimentieren!

Nennen Sie uns einen Grund, warum ein anerkannter oder sogar prominenter Autor zum Verleger Tryphon gehen sollte und nicht zu einem Wettbewerber.

Vor allem, weil bei Tryphon auf Qualität geachtet wird. Qualität in der Ausstattung des Buches, Qualität aber vor allem im Inhaltlichen, beim Text. Bei uns verlässt keine Papyrusrolle die Kopistenstube, ohne dass gründlich Korrektur gelesen wird. Ich beschäftige mehrere Korrektoren. Diesen Qualitätsschritt garantiert bei Weitem nicht jeder Verleger; er wird darum im Buch ausdrücklich vermerkt.

Und erhöht das den Preis?

Ich würde eher sagen: den Wert.

Gibt es weitere Kriterien, die die gute Ausgabe eines Werkes von einer minderwertigen unterscheidet?

Wenn Sie einen renommierten Gelehrten mit der Durchsicht von Exemplaren beauftragen, der den Text noch einmal philologisch überprüft und gegebenenfalls Lesehilfen gibt – wir sprechen von der *distinctio,*

„Unterscheidung" von Sätzen, Satzeinheiten oder Wörtern im Unterschied zur üblichen *scriptio continua*, einem fortlaufenden Fließtext ohne Wortgrenzen –, dann ist das ein Gütesiegel, das – bevor Sie wieder fragen – natürlich auch einen höheren Preis rechtfertigt.

In Ihrer *taberna libraria* verkaufen Sie auch Bücher, und zwar nicht nur die eigenen. Ist das ein lukratives Geschäft? Hat es sich beispielsweise heute gelohnt?

Eindeutig ja. Die Nachfrage nach Büchern ist erfreulich. In den besseren Kreisen gehört es zum guten Ton, eine Privatbibliothek zu besitzen. Das steigert den Umsatz, wenn auch vielleicht nicht unbedingt das tatsächliche Leseverhalten. Heute hatte ich einen Kunden, der für die Bibliothek seines neuen Hauses mehrere Hundert Bände erworben hat. So ein Geschäft machen Sie natürlich nicht jeden Tag.

Wie sieht es an der Wettbewerbsfront aus?

Nicht ganz so rosig. Wir haben in Rom traditionell viele Buchhandlungen. Die Konkurrenz ist groß, gerade hier im Herzen der Stadt in der Nähe des Forum Romanum und der anderen Foren. Für Bücherliebhaber paradiesische Zustände, für uns Buchhändler Grund zur Sorge, zumal wir für die City-Lage entsprechend hohe Ladenmieten zahlen müssen.

Aber die Buchhandlungen sind ja nicht besonders groß – eine vier mal fünf Meter große *taberna* im Erdgeschoss eines Mietshauses ist doch schon eine überdurchschnittliche Größe?

Das stimmt. Die meisten Buchrollen können Sie ja aufrecht und damit platzsparend in Schränken und in den praktischen *capsae* lagern. Aber für die Novitäten und die Werke bekannter Autoren sollte man schon Tische haben, auf denen sich die Bücher ein Stück weit abrollen lassen.

Sie nutzen aber auch Türpfosten und Gebäudepfeiler als Werbeflächen?

Sicher. Da können Sie kurze Ausschnitte platzieren, auch schon mal eine ganze Buchrolle als Neuerscheinung bewerben oder Listen mit ausgefalleneren Titeln aushängen, die Sie in Ihrer Buchhandlung führen. Das sind ganz wichtige Werbemedien, um besonders die Laufkundschaft über die Schwelle in den Laden zu locken. Bis vor kurzem hatten wir auch Tische auf den Bürgersteig gestellt. Aber das hat, weil es auch andere Gewerbetreibende taten und Friseure sogar ihr ganzes Geschäft auf den Gehsteig verlegt haben, Kaiser Domitian rigoros abgeschafft. Für den Verkehrsfluss sicher besser, für uns Geschäftsleute schlechter! Und wissen Sie, wer diese gewerbefeindliche Maßnahme geradezu hymnisch feiert? Mein eigener Starautor Martial: „Jetzt ist es wieder Rom, vor Kurzem noch ein großer Laden“ (VII 61). Ein „Laden“, von dem der Herr Dichter selbst profitiert hat!

Aber nicht so wie Sie. Vielleicht sollten Sie ihn doch am Umsatz beteiligen.

Bringen Sie ihn bloß nicht auf Gedanken!

Wir hören heraus, dass der Buchhandel im Ganzen ein florierendes Geschäft ist. Gibt es auch Ladenhüter?

Und ob! Manche Rolle liegt jahrelang in der *capsa*, bevor sich ein Kunde ihrer erbarmt. Vielfach läuft der Abverkauf dann über den Preis. Was nicht abfließt, wird billiger angeboten, manchmal sogar unter Einstandspreis, aber selten.

Wie groß ist der normale Gewinn-„Puffer“?

Das hängt stark vom Titel ab. Normal ist es, 100 bis 150 Prozent auf den eigenen Einkaufspreis aufzuschlagen. Was übrigens überhaupt nicht läuft, geben wir an spezialisierte Antiquariate in der Provinz ab.

Ein Schicksal, das überwiegend älteren Titeln widerfährt?

Das kann man so nicht sagen. Es sind auch viele Neuerscheinungen, die nicht laufen und die nach ein paar Monaten aussortiert werden. Alte Bücher sind dagegen zum Teil extrem wertvoll.

Da gelten dann die Qualitätskriterien, die Sie vorhin genannt haben?

Im Prinzip schon. Wenn da in der Titulatur der Name eines angesehenen Philologen auftaucht oder der Besitzervermerk eines prominenten Mannes – oder es sich gar um das Autographon eines Autors handelt, ist das oft ein kleiner Schatz, den Sie da als Buchrolle in Händen halten.

Ist das nicht auch ein lukrativer Tummelplatz für Fälscher – wenn man einfach nur einen berühmten Namen in eine minderwertige Kopie schreiben muss?

Ein riesiges Problem! Solche Fakes sind weit verbreitet. Sie können sie allerdings schnell erkennen, wenn Sie sich ein, zwei Textpassagen genau anschauen. Oder im Notfall einen *grammaticus* als Sachverständigen hinzuziehen. Die kennen ja ihre Klassiker in- und auswendig und stoßen schnell auf Fehler und Ungereimtheiten. Die neueste Masche unseriöser Buchhändler besteht übrigens darin, Bücher auf alt zu trimmen, indem sie sie in Mehl wälzen.

Und dabei dachten wir immer, dass es sich beim Buchhandel um eine seriöse Branche handelt!

Grundsätzlich ist das auch so. Aber schwarze Schafe gibt's halt überall. Besonders da, wo mit geringem Aufwand schneller und hoher Profit winkt.

Dürfen wir Sie abschließend nach Ihrem persönlichen Hintergrund befragen? „Tryphon" ist ein griechischer Name.

Richtig. Ich bin Freigelassener, hatte schon als Sklave mit der Buchbranche zu tun. Da lag es nahe, ein eigenes Unternehmen zu gründen – wobei der griechische Name sich als hilfreich erwies.

Wie das, wo es doch nicht wenige Großstädter gibt, die die ethnische „Überfremdung" ihrer Stadt sehr skeptisch sehen?

Bücher sind ein bedeutendes Kulturgut – und ein griechischer Name bürgt gewissermaßen für kulturelle Kompetenz. Da haben wir Griechen, finden viele, dem „bäurischen Latium" immer noch einiges voraus.

„Bücher kauft man beim Griechen" – ist das die allgemeine Einstellung?

Ganz so sind die Verhältnisse leider nicht. Aber als Werbeslogan ist Ihr „Spruch" nicht schlecht. Ich denke mal drüber nach.

„Kein Platz für Zuckerpüppchen"
MARCUS ANTONIUS NIGER, FREIWILLIGER GLADIATOR

M. Antonius Niger lebte im 2. Jahrhundert in Rom. Sein Grabstein weist ihn als Gladiator der Waffengattung „Thraker" aus. Er bestritt 18 Kämpfe und starb im Alter von 38 Jahren. Das Grabmal finanzierte seine Frau Flavia Diogenis (CIL VI 10195). Seine Zugehörigkeit zu einer bestimmten Gladiatorenschule ist nicht gesichert.

Sie machen vor Ihrem morgigen Kampf einen erstaunlich gelassenen Eindruck. Wie war Ihr Tag, Marcus Antonius?

Relativ entspannt. Vor einem Kampftag fällt das Training etwas lockerer aus als gewöhnlich. Zwei Einheiten für die allgemeine Fitness, aber nur wenig Waffentraining. Mentale Vorbereitung ist in diesem Zeitpunkt wichtiger als physische.

Was bedeutet das konkret?

Dass ich mich voll auf den bevorstehenden Kampf konzentriere, mich nicht von irgendwelchen Nebensächlichkeiten oder Aufgeregtheiten hier in unserer Kaserne ablenken lasse und zusammen mit meinem persönlichen Trainer die besten taktischen Optionen noch einmal durchgehe. Und vielleicht noch den einen oder anderen Tipp zu meinem morgigen Gegner in Erfahrung bringe.

Sie kennen den bereits?

Ja, seit einigen Tagen sind die Programmhefte raus. Da kann jeder die Paarungen nachlesen, unter anderem, dass der Thraker Marcus Antonius gegen den Hoplomachus Lucius Celadus antritt, also ein Duell zwischen zwei Schwerbewaffneten.

Kennen Sie Lucius Celadus persönlich?

Ziemlich gut sogar. Wir haben mehrfach gemeinsam trainiert – was ja in einer so großen Gladiatorenschule wie unserer mit mehreren Hundert Fechtern nicht selbstverständlich ist. Ein netter Kerl, allgemein beliebt, sieben gewonnene Kämpfe, ein Draufgängertyp und mit ziemlich großer Fangemeinde. Der wird eine Menge lautstarker Unterstützung haben.

Sie sind im Alltag Kameraden, trainieren zusammen, unterhalten sich, essen gemeinsam. Und jetzt müssen Sie auf Leben und Tod gegeneinander antreten. Wie schafft man das?

Damit musst du professionell umgehen. So sind die Spielregeln nun mal.

Im Kampf ist sich jeder der Nächste, aber vorher und nachher gehören wir zu einer *familia gladiatoria*. Was nicht heißt, dass du jeden lieben musst. Klar, wenn mir hier einer blöd gekommen ist und ich kriege den zum Gegner, da kann ich natürlich mehr Wut entwickeln. Aber im Prinzip schaust du auf die Rüstung da vor dir, nicht auf den Menschen, der sie trägt.

Da stehen also zwei Kampfmaschinen einander gegenüber?

Das ist auch so eine Verkürzung. Natürlich werden wir dazu ausgebildet, möglichst perfekt zu kämpfen und zu „funktionieren". Aber du bleibst ein Mensch, auch beim Kampf. Du reagierst auf das Publikum und auf den Gegner. Der zielt auch auf deine Psyche ab, Blicke, Einschüchterungsgesten, das ganze Programm. Alles tausendmal trainiert, auch, wie man damit umgeht. Trotzdem – du bist keine Maschine, und auch dein Kontrahent nicht.

Eine ganz direkte Frage: Haben Sie Angst?

Angst haben Memmen, die gehören nicht in die Arena. Wohl aber Respekt vor dem, was mich da erwartet. Du musst dir emotional darüber im Klaren sein, dass es dein letzter Tag sein kann. Wer als Bruder Leichtfuß ins Amphitheater geht, wird meist als Leichnam wieder herausgetragen.

Es gibt tatsächlich Kollegen von Ihnen, die die Sache auf die leichte Schulter nehmen?

Am besten sehen Sie am Vorabend eines Kampfes, wie der Einzelne tickt, bei der *cena libera*. Da werden üppige Speisen zuhauf aufgetischt, viele leckere Sachen, die es hier normalerweise nicht gibt, Wein ohne Ende. Und was passiert? Manche kriegen keinen Bissen hinunter, brechen sogar in Heulen und Selbstmitleid aus. Das sind die Memmen, die keiner sehen will.

Und andere?

Andere schlagen sich hemmungslos den Wanst voll. Klar, es kann dein letztes Mahl sein, und klar, das ist schon verführerisch, was dir da kulinarisch geboten wird. Aber es ist natürlich absolut verrückt, sich so gehen zu lassen – ein paar Stunden vor dem Kampf! Total unprofessionell, wenn du den Körper so belastest. Ich hab nichts dagegen, wenn mein Gegner beim Essen und Weintrinken ordentlich zulangt, aber ich selbst halte mich immer sehr zurück. Auch gerade eben. Das kann Leben retten, und zwar dein eigenes.

Bei der *cena libera* vorhin waren Sie nicht allein?

Nein, das ist ja Teil der Show. Da werden treue Fans und gute Bekannte des Spieleausrichters eingeladen. Die essen und trinken mit, unterhalten sich mit uns und sind ganz begeistert, dass sie ihren Stars so nahe sein dürfen. Umso mehr musst du als Kämpfer aufpassen, dich von dieser Atmosphäre nicht einlullen zu lassen.

Das Ganze scheint uns als ziemlich fragwürdiges Voyeur-Event inszeniert zu sein. Sollte man die *cena libera* nicht abschaffen?

Warum? Es ist für uns Gladiatoren eine Disziplin-Prüfung – und Disziplin kriegen wir tagtäglich beigebracht, notfalls mit Stock und Peitsche. Warum also nicht ein Test am Vorabend eines entscheidenden Tages? Außerdem ist das eine gute Gelegenheit, mit seinen Fans in persönlichen Kontakt zu kommen. Es ist ja kein schlechtes Gefühl und keine schlechte Motivation, die Zuneigung der eigenen Anhänger sozusagen hautnah zu spüren. Und dabei vielleicht auch Kontakte zu knüpfen, die mal wichtig werden können.

Wann sollte das der Fall sein?

Wenn die drei Jahre um sind, die ich mich hier verpflichtet habe. Wenn du wieder draußen bist, hast du als freier Ex-Gladiator in der Regel eine Menge Geld angespart. Aber Freunde und Förderer kannst du trotzdem noch gebrauchen.

Wie kommt man eigentlich dazu, sich aus freien Stücken auf diese überaus riskante „Karriere“ einzulassen? Die allermeisten Ihrer Kollegen sind ja gezwungenermaßen hier.

Irrtum! Mittlerweile haben wir hier in der Kaserne rund ein Drittel Freiwillige. Und der Trend ist weiter steigend. Ja, warum tut man sich das an? Ich kann nur von mir sprechen: Ich war immer von Waffen fasziniert, das kann ich als Gladiator voll ausleben, dazu kommt Abenteuerlust, wenn Sie wollen, eine extreme Form der Selbsterfahrung, das prickelnde Gefühl, sich selbst zu beweisen und den Hals aus der Schlinge zu ziehen. Und das Ganze unter dem ohrenbetäubenden Beifall der Fans – das ist ein irres Gefühl, wenn dir Zehntausende bei der Siegerehrung zujubeln. Und außerdem kannst du eine Menge Geld verdienen. Ich komme aus einfachen Verhältnissen, da nagst du im Normalfall dein ganzes Leben lang mehr oder weniger am Hungertuch, hast große Mühe, deine Familie durchzubringen. Arena-Sport ist eine klasse Möglichkeit, vom Fußvolk der Habenichtse wegzukommen.

Aber auch eine höchst riskante, sich vom Volk der Lebenden beizeiten zu verabschieden.

Keine Frage. Die Überlebenschancen hier sind geringer als draußen. Schätzungsweise ein Drittel der dreijährigen *auctorati* überlebt den Job nicht. Das geht aber einigermaßen, finde ich. Du hast fünf bis sieben Kämpfe im Jahr, in meinen Vertrag habe ich 18 als Höchstzahl für die drei Jahre Verpflichtung festschreiben lassen. Du musst also nur 18-mal besser sein als dein Gegner – oder begnadigt werden, wenn du verlierst.

Kann man darauf rechnen?

Das römische Publikum ist anspruchsvoll, aber dankbar und fair. Die Leute wollen mutige Kämpfer sehen, technisch erstklassige Kämpfe, bei denen sie richtig mitgehen können. Die wollen unterhalten werden, aber die lechzen nicht nach Blut. Wenn du nach engagiertem Kampf am Boden liegst, geht der Daumen der Zuschauer fast immer nach oben. *missus*, „begnadigt", macht sich zwar nicht so gut in deiner Kampfstatistik, hilft aber ungemein beim Weiterleben.

Wie sieht es mit dem Verwundungsrisiko aus?

Das ist hoch. Selten gehst du ohne Verletzung aus einem Kampf, auch als Sieger. Aber wir haben hervorragende Ärzte, die uns wieder zusammenflicken. Gladiatorenärzte zählen überall im Reich zu den besten. Das gilt für die Hauptstadt erst recht, und noch mehr für unseren Ludus Magnus. Von den vier kaiserlichen Gladiatorenschulen in Rom sind wir die renommierteste. Da achtet der Chef auch bei den Ärzten, Masseuren und Trainern auf Qualität.

Waren Sie selbst schon mal verwundet?

In bin jetzt seit anderthalb Jahren dabei. Drei schwere Verwundungen: am rechten Arm, am Bauch und am linken Oberschenkel mit jeweils mehreren Wochen Lazarettaufenthalt, sonst nur Schrammen und kleine Fleischwunden. Aber du wirst eben gut gepflegt. Erst wenn du wieder voll einsatzfähig bist, kommt der nächste Auftritt. Geschwächte oder behinderte Gladiatoren will kein Zuschauer sehen.

Als freiwilliger Gladiator verzichten Sie auf Ihre Grundrechte als römischer Bürger. In Ihrem *auctoramentum*, dem Verpflichtungseid, gestehen Sie zu, sich „mit Ruten schlagen, mit Feuer brennen und mit Eisen töten zu lassen". Kommt das nicht einer schlimmen Entwürdigung gleich?

Das kann man so sehen. Man sollte wissen, worauf man sich einlässt. Für Zuckerpüppchen und *delicati* ist hier kein Platz und auch nicht für

Bürgerrechtler. Das sind hier alles harte Jungs – die Freiwilligen, meine ich, die anderen müssen vielfach erst dazu gemacht werden. Klar, mit Samthandschuhen fasst dich hier keiner an. Außenstehende empfinden das tägliche Training als Schleiferei und Drill. Es stimmt, wir werden oft extrem hart rangenommen, aber letztlich dient das ja auch der eigenen Sicherheit. Je besser das Training, umso höher die Überlebenschance.

Vorhin sagten Sie, heute sei nur ein leichtes Training angesetzt gewesen. Wie sieht das normale Training aus?

Jeden Tag mindestens zweimal in voller Rüstung gegen den *palus* antreten, den Dummie-Pfahl zum Üben. Ich trainiere übrigens seit einiger Zeit am *primus palus*, am „ersten Pfahl“. Damit bin ich in der internen Hierarchie der Thraker ganz oben. Wir üben mit Holzwaffen, die schwerer sind als die echten, die wir nur zum Kampf in die Hand kriegen – strenge Sicherheitsmaßnahme. Außerdem allgemeines Muskelaufbautraining jeden Tag, da kommt jeder heftig ins Schwitzen. Und mentales Training, damit du die richtige innere Haltung bewahrst, wenn's ernst wird. Alles in allem: Kaum einer, der abends nicht todmüde auf die Pritsche fällt!

Gibt es auch Übungskämpfe?

Ab und zu, mit stumpfen Waffen in unserer Übungsarena hier direkt neben dem Flavischen Amphitheater – vor Zuschauern natürlich, anstrengend, aber motivierend, weil da viele zugucken und es relativ realistisch zur Sache geht. Wenn es nach mir ginge, würde das öffentliche Kampftraining viel häufiger angesetzt.

Sie sind hier praktisch eingesperrt, leben wie im Gefängnis.

Das stimmt, wir dürfen nicht raus und werden von schwer bewaffneten Aufsehern bewacht – das heißt, weniger wir Freiwilligen als die unfreiwilligen Kollegen. Aber daran gewöhnt man sich.

Dürfen wir eine etwas indiskrete Frage stellen – die nach Ihrem Sexualleben? Einerseits wirken Gladiatoren ja auf manche Frauen ausgesprochen attraktiv, andererseits sind Sie hier streng kaserniert.

Das ist wirklich ziemlich indiskret. Sagen wir mal so: Wo ein Wille ist, ist auch ein Weg, jedenfalls für die *auctorati*. Offiziell ist der Besuch selbst der eigenen Frau nicht gestattet, das stimmt. Aber es gibt Arrangements – und zwar nicht nur für Ehefrauen. Darüber wird aber nicht gesprochen.

Auch nicht intern? Ist der *gladius* des Gladiators, sein Schwert in der doppelten Bedeutung des Wortes, kein Gesprächsgegenstand im Kollegenkreis?

Sie meinen im Sinn „typischer" Männergespräche? Das können Sie sich doch denken – und auch, dass viele von uns von so manchen „Püppchen" umschwärmt werden. Aber das gehört nicht in ein Interview.

Wie sieht es mit der Ernährung aus? Wenn man vom Spottnamen *hordearii* für Gladiatoren ausgeht, ist das Essen ja weder abwechslungsreich noch besonders wohlschmeckend.

hordearii, „Gerstenfresser" – finden wir nicht so toll. Stimmt so auch nicht. Sicher, Gerstenbrei und Bohnen als Kraftnahrung gibt es häufig. Es könnte nach meinem Geschmack auch ruhig öfter Fleisch geben, aber die Ärzte sind dagegen. Das mache schlaff und schläfrig, meinen sie. Aber sonst gibt es auch viel normale, schmackhafte Kost, die meisten draußen würden gern mit uns tauschen, nehme ich an. Satt wirst du hier allemal – und auf gesunde Ernährung achten Trainer und Mediziner. Wir bekommen das zu essen und zu trinken, was wir in Blut wieder von uns geben sollen, hat irgendjemand mal gesagt. Das trifft's ganz gut, weil nicht nur das Blut kostbar ist.

Sie sind also ganz zufrieden mit Ihren Lebensumständen und der Arbeitsatmosphäre?

Was heißt zufrieden? Wer sich ein bequemes und behagliches Leben wünscht, geht nicht in die Gladiatorenkaserne. Schön ist es hier nicht gerade, und mit zwei Mann in einer vier mal vier Meter großen Zelle auch nicht gerade bequem. Aber wer das freiwillig auf sich genommen hat, soll sich hinterher nicht darüber beklagen, dass er hart angepackt wird und heftig bestraft wird, wenn er nicht spurt. Man weiß ja als Freiwilliger, wofür man das alles auf sich nimmt – im Unterschied zu den Kollegen, die als Sklaven oder verurteilte Verbrecher zu diesem Leben gezwungen werden. Für die meisten von denen ist das hier ohne Perspektive. Schrecklich, beklemmend. Klar, dass da ab und zu einer ausrastet oder sich in den Selbstmord flüchtet.

Und worin besteht *Ihre* Perspektive?

Ich will überleben und ich werde überleben. Anderthalb Jahre noch, ich glaube nicht, dass ich verlängere. Dann bin ich ganz ordentlich bei Kasse. Ich möchte heiraten und Kinder haben. Und vielleicht hier in den Ludus Magnus zurückkehren – aber als *doctor,* „Ausbilder", der jeden Abend die Kaserne verlässt.

Sie sind jetzt selbst Entertainer, der anderen die Freizeit versüßt. Wie wollen *Sie* Ihre Freizeit verbringen, wenn Ihr Vertrag ausgelaufen ist?

Am liebsten im Kreise der Familie. Und ab und zu öffentliche Spiele besuchen. Vor allem in der Arena. Mal sehen, was das für ein Gefühl ist, Gladiatorenkämpfe als Zuschauer zu erleben – und nicht mehr als Aktiver.

Für Ihre restliche aktive Zeit wünschen wir Ihnen alles Gute! Bleiben Sie gesund – oder zumindest am Leben!

„Rom liegt mir zu Füßen!"
GAIUS APPULEIUS DIOCLES, WAGENLENKER

Diocles (104 bis ca. 146 n. Chr.) war einer der erfolgreichsten Wagenlenker Roms. Er brachte es in den 24 Jahren zwischen 122 und 146 n. Chr. auf nicht weniger als 1462 Siege und eine Preisgeldsumme von fast 36 Millionen Sesterzen. Er stammte aus Lusitanien und lebte vermutlich in seinen letzten Jahren in Praeneste unweit von Rom. Dort hat sich jedenfalls seine monumentale Grabinschrift erhalten, der wir detaillierte Informationen über seine Karriere verdanken (CIL VI 10048 = Dessau ILS 5287).

Herzlichen Glückwunsch zu Ihrem heutigen Rekordsieg, Gaius Appuleius! Wie war Ihr Tag?

Vielen Dank für die Glückwünsche. Es war ja ein knappes Finish. Umso größer die Freude, dass Crinitus, mein „Lockenkopf", es doch noch geschafft hat.

Es ehrt Sie, dass Sie Ihr Leitpferd so herausstellen. Aber Understatement beiseite: *Sie* sind der Sieger!

Ohne ein Top-Leitpferd ist der beste *agitator* nichts. Na ja, fast nichts. Crinitus ist unglaublich: Er hat schon über 200 Siege auf seinem Konto.

Was aber nichts gegen Ihre Statistik ist. Heute haben Sie die Schallmauer durchbrochen: Ihr tausendster Sieg und damit Aufstieg in den Olymp der *milliarii.*

Ja, das war heute schon etwas Besonderes. Ich wusste ja, dass ich es heute schaffen konnte. Aber sicher war ich mir nicht. Besonders die Grünen haben im Moment starke Fahrer und hervorragende Viergespanne. Und es war dann ja auch ein Herzschlagfinale.

Immerhin am Ende doch zwei Gespannlängen. Dürfen wir noch einmal auf unsere übliche Frage zurückkommen, die wir allen Interviewpartnern stellen: Wie war Ihr Tag? Wie war der Ihre, frischgebackener Herr *milliarius*?

Phantastisch! Unglaublich! Der Jubel der Fans – ohrenbetäubend, berauschend und aufputschend, das ganze Team, das wieder mal alles akribisch vorbereitet hat, die Pferde, die alles gegeben haben, das Management unseres roten Rennstalls – da hat wirklich wieder alles zusammengepasst. Ein Super-Tag! Ein echter Höhepunkt in meinem Leben.

Haben wir uns gedacht. Selbst für einen Wagenlenker wie Sie, der schon alles an Preisen abgeräumt hat, der nach dem Sieg x-mal das Bad in der Menge ge-

nossen hat, der unzählige Male vom Kaiser persönlich beglückwünscht worden ist, doch noch eine Steigerung?

Auf jeden Fall! Tausend Siege – das erreichen die wenigsten. Und der tausendste ist doch noch etwas ganz anderes als jeder der 999 Siege vorher. Na gut, den allerersten vielleicht ausgenommen. Das war auch ein ganz irres Gefühl: Hier im Circus Maximus vor über 200 000 Zuschauern zum ersten Mal den Palmzweig in Händen zu halten …

Und den schönen Geldsack mit 30 000 Sesterzen …

Ach, wissen Sie, über Geld sollte man an solch einem Tage nicht sprechen. Das spielt keine Rolle.

Was wir Ihnen jedenfalls heute aufs Wort glauben. Bleiben wir bei Ihrem allerersten Sieg. Sie waren damals noch bei der weißen Rennpartei unter Vertrag?

Richtig. Allerdings würde ich nicht sagen „unter Vertrag“. Ich war damals noch Sklave. Da hast du ja keinen Vertrag, sondern musst tun, was man dir sagt. Aber es war trotzdem eine schöne Zeit. Hart, aber schön. Die Weißen haben mich gut behandelt – die Fans, aber auch die Direktoren, die ja praktisch meine Eigentümer waren. Ohne deren Förderung wäre ich nie so weit gekommen. Jetzt sogar zum *milliarius* aufgestiegen – Wahnsinn!

Wie sind Sie seinerzeit überhaupt zur *factio alba* in die Hauptstadt gekommen? Sie sind doch gebürtiger Spanier.

Genauer gesagt: Lusitanier, aus dem Westen der Iberischen Halbinsel. Ja, wir Spanier sind schwer im Kommen: Trajan, Seneca, Martial und so weiter. Alles Spanier. Aber im Ernst. Sie wissen ja, dass die vier Renngesellschaften überall im Reich ihre Scouts haben, wo Rennpferde gezüchtet werden. Und die Iberische Halbinsel ist so eine Region. Diese Scouts besuchen nicht nur die besten Gestüte und kaufen Pferde auf, sie halten auch nach talentierten Jockeys Ausschau.

Und so einer waren Sie?

Ich bin von meinem damaligen Herrn konsequent zum Jockey ausgebildet worden und hatte schon in Lusitanien ein paar Rennen gefahren, allerdings nur mit Zweigespannen und eben in der Provinz. Auf einer seiner Akquisitionsreisen wurde der Spanien-Scout der Weißen auf mich aufmerksam. Mein Entdecker, wenn Sie so wollen.

Und der transferierte Sie sozusagen nach Rom?

Genau. Er erwarb mich im Auftrag der *factio albata* und brachte mich nach Rom, übrigens zusammen mit 20 Pferden. Ich war damals 14 Jahre alt – und ziemlich ehrgeizig. Ich wollte meine Chance nutzen: Das goldene Rom und sein legendärer Circus Maximus – das war mein Traum, davon träumt jeder Wagenlenker überall im Imperium.

Also direkt vom lusitanischen Provinzcircus in das Allerheiligste des römischen Pferdesports?

Natürlich nicht. Hier fängt jeder noch mal ganz klein an. Ein paar Siege in der Provinz interessieren hier niemanden. Zuerst bist du ein Nobody und musst dich gegen starke Konkurrenten durchsetzen. Und vom Circus Maximus kannst du erst mal nur träumen. In der Lehrzeit fährst du in kleineren Circus-Anlagen und kriegst nur Zweigespanne. Zum „Ruhm des jubelnden Circus", wie mein Landsmann Martial den großen Scorpus verewigt hat, ist es da noch ein ganz weiter Weg.

Aber jetzt sind Sie es, jetzt sind Sie wie einst Scorpus der „Liebling der Beifallsstürme"! Und Sie sind ein freier und reicher Mann. Eine Legende zu Lebzeiten.

Danke für das Kompliment! Ich kann Ihnen nicht widersprechen. Es geht mir gut. Mein besonderes Glück war, dass mir die *factio albata* nach ein paar Jahren in ihren Diensten ermöglicht hat, mich freizukaufen. Sport als Basis des sozialen Aufstiegs – danach sehnen sich viele, aber nur wenige bekommen wirklich die Chance.

Verraten Sie uns, was Sie den Weißen gewissermaßen als Ablösesumme für Ihre Freilassung hinblättern mussten?

Über die Einzelheiten des Freilassungsvertrages ist striktes Stillschweigen vereinbart worden. Wenn ich da etwas ausplaudere, bin ich schneller wieder Sklave, als ich denken kann. Haben Sie bitte Verständnis dafür, dass ich dazu nichts sage. Eines aber kann ich schon preisgeben: Ohne die massive Unterstützung meiner Fans wäre das nicht so leicht gegangen.

Die haben mächtig Druck gemacht, dass ihr Idol die Freiheit erhielt?

„Druck" würde ich das nicht nennen. Sie haben der Direktion vermittelt, was sie erhofften und erwarteten.

Und zum Dank dafür sind Sie dann später zu den Grünen und wieder ein paar Jahre danach zu den Roten gewechselt. Verzeihen Sie, dass wir das so deutlich ansprechen.

Ich habe Ihnen vorhin schon gesagt, wie dankbar ich dem weißen Rennstall bin, bis heute. Sie haben mich entdeckt und gefördert. Aber es gibt überall im Leben neue Herausforderungen. Und Sie kennen das Business: Die meisten erfolgreichen Kollegen im Rennbetrieb wechseln im Laufe ihrer Karriere die Farben. Das ist normal und dient der persönlichen Weiterentwicklung.

Und dem persönlichen Geldbeutel doch wohl auch. Wer abgeworben wird, verdient im neuen Rennstall mehr.

Ich fühle mich bei der *factio russata* rundum wohl, richtig wie zu Hause. Das ist eine hervorragend geführte *factio*, mit bis in die Zehenspitzen motivierten Mitarbeitern vom Stalljungen bis zum Veterinär, einem tollen Betriebsklima und Super-Fans.

Und Supergagen, wie man hört. Die *factio* legt ja wohl noch einiges drauf, auch wenn Ihnen ein einziger Sieg mehr Preisgeld bringt, als Lohnarbeiter in Jahren verdienen.

Wollen wir jetzt eine Neiddebatte führen? Ich verstehe nicht, warum Sie ständig auf dem Geld herumreiten. Ich habe heute meinen tausendsten Sieg errungen. Meine Anhänger sind total stolz auf mich, Rom liegt mir zu Füßen, der Kaiser persönlich hat mir gratuliert. Das ist es doch, was zählt!

Sagt ein Multimillionär. Aber gut: Weg vom Geld. Sprechen wir über Ruhm. Sie sind – nicht erst seit heute – ein umjubelter Star mit einer riesigen Anhängerschaft. Und auch ein Frauenschwarm. Ein schönes Gefühl?

Und ob! Ich genieße es. Und ich verstehe Kollegen nicht, die die Menschen für zudringlich halten, wenn sich beim Spaziergang durch die City Trauben von Fans um sie scharen. Das ist doch wunderbar, wie viel Zuneigung und Anerkennung du da erfährst! Wenn dir schöne Frauen ganz verzückt zujubeln, was ist schlimm daran? Ich find's toll!

Bemerkenswert, wie ein Gaius Appuleius sich bei *dem* Thema öffnet, während er beim Geld mauert.

Wissen Sie, *ich* habe das nicht vergessen, wie ich mal angefangen habe. Ein Sklavenbengel, der es ganz nach oben geschafft hat! Der sogar von Senatoren und Rittern zum Bankett eingeladen, der auf Souvenirs dargestellt und gefeiert wird, wohin er auch kommt. Das ist doch atemberaubend, das muss man doch auskosten.

Wir haben im Vorfeld Ihres heutigen Triumphs gehört – es war ja über kurz oder lang mit Ihrem Rekordsieg zu rechnen –, dass Ihnen in Ihrem Wohnort Praeneste ein Denkmal errichtet werden soll. Sind Sie stolz auf diese ungewöhnliche Ehrung?

Na klar. Ich habe mich wahnsinnig gefreut, als ich von den Plänen erfuhr. Aber es gibt, glaube ich, noch Probleme.

Welcher Art? Widerstand vonseiten der anderen *factiones*? Kollegenneid?

Nein, nein. Überhaupt nicht. Das sind alles Profis. Die hoffen eher, dass sie auch mal so ein Denkmal bekommen. Es gibt aber ein paar Juristen, die Probleme damit haben, dass einem Wagenlenker eine solche Ehre zuteilwird. Wir sind ja qua Beruf *infames*, „ehrlos", daher die Bauchschmerzen einiger Bedenkenträger gegen offizielle Ehrungen. Das passt nicht zur römischen Klassengesellschaft.

Haben Sie Sorge, dass der Plan noch scheitern könnte?

Ich denke, das ist auf einem guten Weg. Warten wir's ab.

Sie könnten sich jetzt mit all den vielen Ehren und – entschuldigen Sie – mit all dem vielen Geld aus dem aktiven Rennbetrieb zurückziehen und das Leben in Ihrer wunderschönen Villa in Praeneste genießen.

Vorläufig mache ich weiter. Wagenrennen – und Erfolg – sind wie Drogen. Ich kann mir ein Leben ohne den Circus nicht vorstellen, jedenfalls jetzt noch nicht.

Keine Angst vor Unfällen, Verletzungen oder Schlimmerem?

Wenn du Wagenrennen fährst, musst du die Angst ausschalten. Wer dabei ans Risiko denkt, wird nie ein Spitzenfahrer. Der riskiert im Zweifel zu wenig, der ist kein Draufgänger, der attackiert nicht richtig. Ohne Biss kein Erfolg! Und auch kein Thrill!

Sie sind bisher von Unfällen verschont geblieben?

Der Fortuna sei Dank! Schon ein paar Stürze, auch ein paar Knochenbrüche – das bleibt in fast 20 Jahren Wagenlenker-Karriere nicht aus. Aber zum Glück nie etwas Ernstes.

Fordern Sie Ihr Schicksal nicht heraus, wenn Sie noch ein paar Jahre dranhängen? Sie haben ja vermutlich schon am Scheiterhaufen manch eines Kollegen gestanden.

Das stimmt. Der Tod fährt immer mit. Ich habe viele schreckliche Unfälle gesehen, verstümmelte Fahrer, Pferde, die den Gnadenstoß erhielten, anrührende Trauerzüge mit Tausenden weinender Menschen. Aber das darf man nicht an sich herankommen lassen. Wenn du fährst, hast du vieles selbst in der Hand. Das andere ist Schicksal. Ich kann auch im Bad meiner Villa ausrutschen und unglücklich mit dem Kopf aufschlagen. Dann schon lieber im Circus Maximus. Passt besser zu einem *milliarius,* finden Sie nicht?

Vor den Verfluchungstafeln gegnerischer Fans, die Ihnen und Ihren Pferden alles Schlechte an den Hals wünschen, haben Sie keine Angst?

Das ist purer Aberglaube! Die Dämonen hätten viel zu tun, wenn sie sich um all diese Verwünschungen kümmern würden. Nein, das ist großer Quatsch, irritiert mich nicht. Übrigens die meisten Kollegen auch nicht.

Vielleicht haben Sie recht. Wir wünschen es Ihnen jedenfalls von Herzen – auch wenn die Fans der anderen Parteien das anders sehen.

Ich will niemandem seinen Kinderglauben nehmen. Aber Sie sehen ja, dass diese Magie nichts bringt: Gaius Appuleius Diocles ist heute *milliarius* geworden. Ein wunderbarer Tag!

Genießen Sie ihn – und noch einmal herzlichen Glückwunsch und besten Dank für das Gespräch. Feiern Sie schön. Die eine oder andere Flasche alter Falerner wird ja schon kalt stehen.

Falerner? Wein? Keinen Tropfen! Wagenlenker sind Sportler!

„Der Kaiser soll froh sein, dass er uns hat!"

PYLADES, PANTOMIMENSTAR

Pylades war einer der bedeutendsten Pantomimenschauspieler Roms. Er war gebürtiger Kilikier und kam als Sklave in der zweiten Hälfte des 1. Jahrhunderts v. Chr. nach Rom. Obwohl er Günstling und möglicherweise auch Freigelassener des Augustus war, wurde er im Jahre 17 v. Chr. im Zusammenhang mit Zuschauerunruhen für einige Monate aus Rom verwiesen. Die Rivalität mit Bathyllos, dem zweiten Starpantomimen seiner Zeit, war öffentlichkeitswirksam und Teil des Showbusiness. Pylades trat in allen großen Städten Italiens auf, er hatte eine riesige ihm ergebene Anhängerschar. Er starb in großem Reichtum und hohem Alter wohl im ersten Jahrzehnt n. Chr.

Sie sehen erschöpft, aber glücklich aus, Pylades. Wie war Ihr Tag?

Wunderbar, ganz großartig! Es ist herrlich, wieder zurück zu sein im prachtvollen Rom! Und es ist unbeschreiblich, wie meine treuen Fans meinen Neubeginn begleitet haben. Glauben Sie mir: Dieser spontane, nicht enden wollende Beifall, diese begeisterten Rufe aus dem Publikum – für einen Schauspieler gibt es nichts Größeres. Ja, Sie haben recht: Nach dieser ersten Vorstellung fühle ich mich erschöpft, aber es ist die wohltuende Erschöpfung des Erfolges.

Trotzdem: Sie stehen unter Bewährung. Augustus hat Ihnen verziehen, aber er wird keinen zweiten Eklat dulden. Haben Sie sich im Griff?

Das eigentlich Professionelle unserer pantomimischen Kunst ist ja, dass wir uns ständig im Griff haben müssen, dass wir ganz unterschiedliche Emotionen in kurzer Zeit verkörpern, und zwar glaubwürdig verkörpern müssen, dass wir sozusagen im Minutentakt von Freude auf Schmerz, von Trauer auf leidenschaftliche Liebe umschalten können müssen. Das schaffen Sie nicht ohne Selbstdisziplin und Selbstkontrolle. Wer sich, seine Mimik, Gestik und Körperhaltung nicht im Griff hat, wird nie ein großer Pantomime sein.

Dann erklären Sie uns doch bitte, wie es zu dem legendären Eklat kam, der Ihnen ein paar Monate Exil eingebracht hat.

Ja gut, es war ein Aussetzer, ein extrem unprofessionelles Sich-gehen-Lassen, wenn Sie so wollen. Irgend so ein blöder Hund im Zuschauerraum hat mich da völlig grundlos ausgezischt – weil er nicht kapiert hatte, worauf es in dem Moment bei der Charakterdarstellung ankam. Ich war in voller Konzentration – und da hinein platzte dieses vulgäre Zischen. Wirklich ein Barbar, ein Musen-Verächter, dieser, dieser ...

Sie echauffieren sich schon wieder, Pylades. Jedenfalls haben Sie seinerzeit die Contenance verloren.

Ja, ich habe mit dem Finger auf ihn gezeigt. Verdient hatte er es!

Und das war der *digitus impudicus*?

Ich meine eher nicht, aber gut, beschwören kann ich es nicht.

Es wirkte dann so, als hätte der ausgestreckte Mittelfinger dem gesamten Publikum gegolten.

Ja, das war ein Fehler, eine Überreaktion, die auch meine Gegner zusätzlich provoziert hat. Ich meinte den einen, den Barbaren, aber es kam so rüber, als gälte die Geste einem Großteil der Zuschauer.

Sie übernehmen also die Verantwortung für die Tumulte, die daraufhin ausbrachen?

Weiß ich nicht. Das Theaterpublikum ist ja sehr schnell erregbar. Jedenfalls hat der Kaiser mich haftbar gemacht – Verletzte hat es übrigens nicht gegeben – und mir einen Denkzettel verpasst. Exil – das ist für einen beliebten Schauspieler die Höchststrafe.

Wie erklären Sie sich die schnelle Begnadigung?

Theaterspiel ist populär, Pylades ist populär, Pylades hat zahlreiche Anhänger in allen Schichten der Gesellschaft. Und Augustus ist ein sanftmütiger und hochherziger Herrscher. Einer, der weiß, was er seinem Volk schuldet.

Besonders wenn die Staatsräson zur Sanftmut rät?

Das ist *Ihre* Deutung.

Aber Sie haben das doch, wenn unsere Information zutrifft, dem Kaiser mal deutlich so gesagt.

Keine Ahnung, wovon Sie sprechen. Und bestimmt habe ich dem Kaiser nichts „deutlich zu sagen“.

Als er die Pantomimen einmal kritisierte, weil sie im Volk solche Leidenschaften freisetzten, sollen Sie eine Art Gegenrechnung aufgemacht haben.

Keine Gegenrechnung. Ich habe nur darauf aufmerksam gemacht, dass es der Stabilität seiner Herrschaft zugutekommt, wenn sich die Leute mit uns Bühnenkünstlern beschäftigen. Insofern könne er froh sein, dass er uns hat.

Sie meinen, das lenkt die Bürger von einer gewissen Einbuße an politischer Mitwirkung ab?

Ich meine, das erleichtert das Regieren. Nicht mehr und nicht weniger. Sehen Sie nicht, wie die Bürger den Kaiser als *patronus* schätzen, der eben auch für ihr Unterhaltungsbedürfnis Sorge trägt – und zwar in großzügiger Weise, wie es sich für das Volk gebührt, das über die Welt herrscht?

Hat Augustus das Ihnen gegenüber so formuliert?

Ich zitiere doch nicht aus privaten Gesprächen! Aber gehen Sie davon aus, dass er seine Rolle als *patronus plebis* sehr, sehr ernst nimmt. Luxus fürs Volk – das ist bei diesem Vater des Vaterlandes kein Propagandaslogan, sondern Realität. Schauen Sie sich um, wie er Rom durch prächtige öffentliche Gebäude schmückt! Endlich bekommen die Römer es auch zu sehen, dass sie die Herren der Welt sind!

Wir wissen, dass Sie – jetzt, nach Ihrer Rehabilitation – wieder zum engen Vertrautenkreis des Kaisers zählen. Ein bisschen klingen Sie, verzeihen Sie, wie sein Sprachrohr.

Fragen Sie doch die Leute, wenn Sie mir nicht glauben! Aber eines gebe ich gern zu. Wir Pantomimen-Schauspieler müssen ihm unendlich dankbar sein. Er hat unsere Kunst hier in der Hauptstadt enorm gefördert. Zusammen mit Maecenas und seinen anderen kulturpolitischen Beratern hat Augustus hier ein perfektes Umfeld für uns geschaffen. Das sehen wir Pantomimen alle so, auch Bathyllos.

Nicht gerade Ihr Freund.

Man muss sich nicht persönlich mögen, um das Können des anderen zu respektieren. Und wissen Sie, ich stamme aus Kilikien, Bathyllos aus Alexandria. Alexandriner fühlen sich gern wie kleine Kultur-Götter.

Dass Alexandria *die* Geistesmetropole der letzten Jahrhunderte gewesen ist, wird man kaum bestreiten können.

Damit muss man aber nicht ständig hausieren gehen. Und jeder Künstler ist an seiner eigenen Kunst zu messen, nicht am Renommee seiner Heimat, seiner Familie oder seines Freundeskreises.

Erklärt sich die heftige Konkurrenz zwischen Ihnen und Bathyllos aus Ihrer Sicht mit einer Art Dünkel des Alexandriners?

Ich möchte dazu nichts sagen. Bitte haben Sie Verständnis: Die Fans beider Seiten könnten das missverstehen, und gerade im Moment sollte niemand Öl ins Feuer gießen.

Sie fürchten wieder Theaterkrawalle zwischen den rivalisierenden Anhängerschaften?

Nein, ich appelliere an die Fans beider Seiten, sich zu mäßigen – und den Besseren anzuerkennen.

Im Klartext: Sie?

Den Besseren, sagte ich, und das entscheidet sich bei der Performance. Und nur dort.

Sie haben jahrelang Pantomimen-Darstellung gelernt. Ein fordernder Beruf? Einer, in dem es keinen Stillstand gibt?

Absolut. Jeden Tag drei, vier Stunden Training ist Minimum. Körperbeherrschung und Tanzen, wie es die Gemütslage des gerade von dir Dargestellten erfordert, vor allem aber das ständige Achten auf Hände und Arme – das schaffst du nicht mit Routine, das musst du dir tagtäglich immer wieder neu aneignen. Und stets versuchen, besser zu werden.

Wie halten Sie sich fit?

Viel Sport, viel mentale Konzentration und eine konsequente Diät. Wenn du so beweglich bleiben willst, wie es deine Zuschauer erwarten, musst du in jeder Minute auf deine Nahrung achten. Fett und Wein – das ist eine tödliche Mixtur, sage ich Ihnen.

Vomitive und Purgative, hört man, gehören zur Diät eines Spitzen-Pantomimen.

Ich finde, diese Dinge sind Privatsache. Ich kommentiere das nicht. Hauptsache, die Figur stimmt – und auch meine weiblichen Fans sind zufrieden mit mir, wenn ich eine Frauenfigur überzeugend tanze. Und dann Minuten später einen ganz anderen Typus, einen schwerfälligen oder schwermütigen älteren Mann zum Beispiel, genauso überzeugend darstelle.

Wie wichtig sind die Musiker, die Ihre pantomimische Darstellung begleiten?

Sehr wichtig! Ich brauche ein eingespieltes Ensemble. Flöten- und Lyraspieler, Kastagnettenmusiker, Hornbläser und Chor – sie alle müssen dem Pantomimen perfekt zuarbeiten. Ich bin stolz darauf, dass ich mich auf ein eingespieltes, ja perfektes Team verlassen kann.

Aber Sie sind der Chef. Sie sagen den anderen, wo es langgeht.

Sehen Sie, das ist so ähnlich wie bei unserem ganz großen Chef, unserem Vater des Vaterlandes Augustus. Auch er braucht Männer, die ihn vorbehaltlos unterstützen, die sich seiner Sache total verschreiben, die alles dafür tun, dass ihm der *favor populi*, die „Gunst des Volkes", gewiss ist. Das ist, wenn ich Kleines mit Großem vergleichen darf, in meinem Metier nicht viel anders. Pylades ist zurück, und das römische Volk will Pylades sehen und genießen.

Wir freuen uns auf Pylades. Und wünschen ihm den Erfolg, den er verdient!

„Wir haben hier kein Rowdy-Problem“
IRIS, KELLNERIN

In einem kleinen „Graffito-Krieg“ (um 75 n. Chr.) streiten sich zwei Rivalen um eine gewisse Iris, die als coponiaes ancilla, *„Sklavin einer Wirtin“ in Pompeji, vorgestellt wird. Angeblich bemüht sich der Weber Successus um deren Gunst, wird aber von ihr zurückgewiesen – schreibt ein Rivale. Successus antwortet ebenfalls per Graffito: Der Neidhammel solle ruhig platzen, der nicht ertragen könne, dass er, Successus, als der Schönere der beiden bessere Chancen bei Iris habe. Darauf repliziert der Rivale noch einmal: „Du liebst Iris, aber die macht sich nichts aus dir!“ (CIL IV 8258 f.). Aus einer anderen pompejanischen Inschrift ist eine gewisse Hedone (ein sprechender Name: „Vergnügen“) als Betreiberin einer Gastwirtschaft bekannt. Sie kommt im Folgenden als (fiktive) Chefin der Kellnerin Iris ins Spiel. Einige Motive sind der pseudovergilischen „Copa“ entnommen.*

Der Frau mit dem wunderschönen Namen der Götterbotin einen freundlichen Gruß! Wie war Ihr Tag, Iris?

Lässt sich wirklich noch nicht sagen, er ist ja noch längst nicht vorbei. Sie sehen ja selbst, wie voll die Wirtsstube ist. Fragen Sie mich mal in ein paar Stunden!

Gern, aber Ihre Herrin hat uns großzügigerweise jetzt erlaubt, mit Ihnen zu sprechen. Wer weiß, ob Sie später noch frei sind.

Ich bin total erstaunt, dass Hedone mich bei dem Hochbetrieb hier freigestellt hat. Haben Sie ihr was dafür bezahlt?

Wir werden hier gleich mit ein paar Leuten ordentlich zu Abend essen. Und uns auch beim Trinken nicht zurückhalten – Falerner. Der ist ja auch bei Ihnen hier nicht gerade billig. Ist aber so mit Hedone abgemacht.

Verstehe. Aber wieso kommen Sie eigentlich auf mich? Es gibt doch Dutzende von Kneipen hier in Pompeji und ein paar hundert Kellnerinnen, viele mit mehr Erfahrung als ich.

Reiner Zufall. Oder, genauer gesagt, wir sind da in einem irren Zusammenhang auf Ihren Namen gestoßen und wollten Sie einfach kennen lernen. Wir vermuten eine spannende Story dahinter.

Da sind Sie bestimmt an die Falsche geraten. Was denn für ein „irrer Zusammenhang“?

Wir haben draußen mal die Wände studiert. Hübsche Kritzeleien! Und *Sie* stehen im Zentrum eines Eifersuchtsdramas, das per Graffiti ausgetragen wird!

Ach, die alte Sache! Ist doch längst alles geklärt. Die beiden Jungs haben sich im Übrigen wieder vertragen.

Und wem schenken Sie nun Ihre Huld, wenn wir so indiskret fragen dürfen?

Dürfen Sie: Keinem von beiden! Das waren Spinnereien von denen. Habe nie was mit einem von denen gehabt! Aber Successus hat sich damals mächtig geärgert, dass sein angeblicher Rivale überall herumerzählt hat, ich ließe ihn abblitzen.

Und das auch noch per Graffito schriftlich kundgetan hat.

Aber wer liest das schon? Gut, weil die beiden Stammkunden sind, haben sich damals ein paar andere Gäste für die Sache interessiert. So ein Wirtshaus ist ja in Sachen Klatsch noch schlimmer als ein Friseursalon. „Wandstreit" haben die das damals genannt. Und Hedone, meine Herrin, fand das Aufsehen ganz gut; das brachte Umsatz, kurbelte die Kneipengespräche an.

Und machte ihre hübsche Sklavin Iris zu einer Art Werbeträgerin für den Laden?

Übertreiben Sie mal nicht! Das war nach ein paar Tagen vorbei. Es gibt ja auch noch genug andere „Werbebotschaften" hier überall auf den Wänden. Und wenn Sie nicht ganz scharf hingucken, sehen Sie doch gar nichts.

Auf die Idee, den Eifersuchtsdialog an der Hauswand farbig nett einzurahmen und als eine Art Kneipen-Logo zu nutzen, ist keiner gekommen?

Wir hätten uns echt lächerlich gemacht. Mir war das sowieso schon peinlich. Und gute Kneipenwerbung geht anders.

Und zwar wie?

Wirtshausschilder sind nicht schlecht, am besten mit einem klaren Logo, zum Beispiel einem Tier: Hahn, Adler, Schlange oder so was. Oder schöne Malereien mit Weinkrügen, vollen Gläsern und netten Sprüchen, die die Leute einladen. Erotische Symbole kommen auch ganz gut, Penis-Darstellungen mit 'ner Kerze drin oder so'n Quatsch. Am besten ist allerdings die persönliche Werbung. Einfach einen nach draußen abstellen, der die Passanten abfängt und in die *taberna* reinbugsiert. Bei uns macht das die Chefin selbst.

Die *copa*? Hedone, Ihre Herrin?

Genau. Die hat's echt drauf. Kann reden wie ein Wasserfall und hat auch was zu bieten: super geschminkt, Tamburin in der Hand, manchmal sogar Kastagnetten am Fuß – und die Tunica schön hoch geschürzt.

Frau Wirtin zeigt Bein – und die Bude wird voll?

So ähnlich. Du musst natürlich schon was zu zeigen haben! Sie sehen ja: Fast nur Männer hier drinnen. Frauen gehören nicht in Kneipen. Finden jedenfalls die Männer. Und die sind ziemlich leicht auszurechnen …

Haben Sie auch schon mal die Anreißerin gegeben?

Gelegentlich. Aber ich muss da noch viel lernen. Mehr Charme entfalten, meint Hedone, und mehr Routine. Aber ist ja klar, dass du mit 19 noch nicht die Erfahrung haben kannst wie sie mit 35. Trotzdem, ich war eigentlich ganz zufrieden mit mir. Vielleicht lässt sich das später mal ausbauen.

Ansonsten bedienen Sie die Kundschaft drinnen?

Von mittags bis nachts, das ist die normale Schicht. Morgens ist es noch ziemlich ruhig, aber so um die sechste Stunde geht es los. Da holen sich viele ihren Mittagssnack bei uns, die meisten über die Außentheke. Die haben keine Zeit, sich hier drinnen auf die Stühle zu hocken. Das kommt erst so am späten Nachmittag. Haben Sie unseren Tresen dahinten gesehen? Kürzlich ganz edel neu gebaut, alle Oberflächen chic in Marmor – und mit einer Super-Malerei darüber. Was noch fehlt, ist eine vernünftige, optisch ansprechende Speisenkarte. Die soll aber in Arbeit sein.

Was sind denn so die Renner in Ihrem Imbiss-Angebot?

Eigentlich das Übliche: Getreidebrei mit Einlage, Erbsensuppe, Bohneneintopf, rohes und gekochtes Gemüse, Eierspeisen, Würstchen, geräucherte und frische. Daneben Obst, Kastanien, je nach Saison. Und natürlich Brot, Wasser und Wein. Für die frischen Sachen haben wir zuverlässige Lieferanten, Bauern aus der Umgebung, die direkt mit ihrer Karre zur *taberna* kommen. Alles sozusagen Vesuv-Produkte mit Frische- und Qualitätsgarantie!

Aufs Anpreisen verstehen Sie sich schon gut, Kompliment! Wir ahnen, warum Hedone auf ihre Sklavin so gut zu sprechen ist. Haben Sie auch ausgesprochene Spezialitäten des Hauses? Oder lohnt das nicht?

Die meisten Kunden sind einfache Leute hier aus der Nachbarschaft, natürlich auch ein paar Touristen und Kaufleute. Aber viel Geld haben die alle nicht. Fisch und Fleisch gehen deshalb schlecht, zu teuer, zu riskant. Aber manchmal macht die Chefin Sonderaktionen besonders für abends. Da servieren wir dann Hausmacher-Gänseleberpastete, auch schon mal Sau-Euter und Schweinebraten – mit echt tollen Saucen! Müssen Sie auch mal probieren!

Für die meisten Gäste sicher so eine Art Festessen?

Klar, das ist schon was Besonderes. Das leisten die sich dann einmal im Monat oder vielleicht auch nur im halben Jahr. Da gibt's dann auch Live-Musik – eine Flötenspielerin, ein Kitharaspieler oder so. Gute Stimmung, viele singen sogar mit.

Wirklich „singen“? Man hört da auch anderes.

Na gut, je länger der Abend geht und je mehr Wein getrunken wird – wir haben übrigens viel mehr im Angebot als die normale Kneipe mit ihren drei, vier Weinsorten –, da wird's auch schon mal lauter. Und unanständiger. Aber so richtig aufdrehen und grölen – das ist bei uns nicht. Da passt die Chefin auf. Lecker und locker ist in Ordnung, sagt sie, aber wir sind keine finstere Kaschemme, keine Proll-Spelunke, in die sich normale Bürger nicht reintrauen.

Sodass auch gar nicht erst die falschen Typen angelockt werden?

Genau. Obwohl wir hier in Pompeji ja kein echtes Rowdy-Problem haben, keine Hooligan-Szene. Das soll in Rom viel schlimmer sein. Eine Kollegin, die gerade nebenan angefangen hat, war bis vor Kurzem Kellnerin in der Hauptstadt. Da gibt's echt Unterwelt-Kneipen, erzählt die, und jede Menge Randale, wenn die *grassatores* mal wieder unterwegs sind.

Während hier alles ruhig bleibt? Beschauliche Provinz am Fuße des mächtigen Vesuvs?

So auch nicht. Auch bei uns gibt's hin und wieder Gäste, die einen über den Durst trinken, rumpöbeln oder auch uns gegenüber nicht den richtigen Ton treffen.

Konkret?

Na ja, Stänkereien, blöde Witze, Kommando-Ton: „Los, her mit dem Setiner! Glas voll machen, aber zack-zack!“ – „Wein heute nur als Spurenelement im Wasser?“ Solche Sprüche. Aber damit lernst du umzugehen. Da gibt's auch schon mal 'ne passende Antwort, und dann ist meist Ruhe. Eigentlich will dir ja keiner wirklich was!

Was ist mit Zudringlichkeiten? Eine hübsche Sklavin wie Sie dürfte es da nicht immer ganz leicht haben.

Ehrlich gesagt, das gehört zum Job. Da können Sie nicht besonders empfindlich sein. Hier ein Streicheln, da ein Klaps auf den Po – und natürlich jede Menge Anspielungen und Angebote. Solange uns der Gesetzgeber als Freiwild definiert, braucht man sich darüber nicht aufzuregen.

Inwiefern „Freiwild"?

Weil alle im Gastgewerbe Tätigen pauschal unter Prostitutionsverdacht gestellt werden. Ganz gleich, ob du da wirklich mitmachst – oder eben auch von deiner Herrschaft dazu genötigt wirst mitzumachen – oder sauber bleibst, du gehörst zu den *inhonesti*, „Ehrlosen". Total unfair, aber keine Chance. Kellnerin – das heißt automatisch „leichtes Mädchen". Anfragen kann jeder – und sich auch noch sicher sein, nicht als Ehebrecher dazustehen. Inhoneste zählen da ja nicht.

Dürfen wir fragen, wie Sie persönlich damit umgehen?

Dürfen Sie. Ich find's nicht gut, aber wissen Sie: Ich bin Sklavin. Ein Wink oder ein Wort von Hedone reicht, dann gehe ich eben mit dem Gast in eines der Zimmer oben. Ist nun mal so, mache ich aber nicht auf eigene Rechnung. Wenn's nach mir ginge, bliebe es beim Servieren von Getränken und Speisen. Der andere Service ist echtes *servitium*.

Vielen Dank für Ihre Offenheit.

Ist schon o.k. Es hat doch keinen Zweck, ein Geheimnis daraus zu machen. Wer zahlt, kriegt in dieser Branche, was er will. Und da ist so ein Kneipenzimmer immer noch besser als der Straßen- oder Gräberstrich. Viel sicherer und irgendwie auch bequemer.

Ein anderes Thema vielleicht noch: Wie sieht's mit Würfelspiel hier bei Ihnen in der *taberna* aus? Wird ordentlich gezockt?

Nur ohne Geldeinsatz. Alles andere ist ja verboten.

Verboten schon, aber doch absolut üblich, wie man weiß. Echten Römern fehlt doch was ohne Würfel. Erst recht in der Kneipe.

Wenn Sie das wissen, schön und gut. Aber was wollen Sie von *mir* hören? Dass bei uns illegal gespielt wird?

Die Chefin hätte es wohl nicht so gern, wenn Sie da ins Plaudern gerieten, richtig?

Wie gesagt: Glücksspiel um Geld ist verboten. Also gibt's das bei uns hier nicht.

Aber das Risiko wäre doch gering. Polizeieinsätze sind extrem selten. Und die Behörden wissen doch, was läuft.

Also, wir hatten noch nie eine Razzia. Und legen auch keinen Wert drauf. Deshalb lassen wir auch nichts Illegales zu. Sie wissen doch: Wenn was passiert, ist der Wirt der Dumme! Glücksspielunternehmer ist er dann vor dem Gesetz und braucht gar nicht erst vor Gericht zu gehen. Schadenersatzklagen nimmt kein Mensch an. Würfelspiel-Randale kann für den Wirt mächtig ins Geld gehen. Der bleibt total auf seinem Schaden sitzen.

Hat aber vorher kräftig Kasse gemacht. Würfelspieler sind bestellfreudige Gäste.

Weiß ich nicht. Da müssen Sie andere fragen. Die Hauptstraße weiter runter gibt's jede Menge Kneipenkonkurrenz. *Wir* sind sauber.

Sie haben das Zeug zur Pressesprecherin. Überlegen Sie mal, ob Sie professionell ins PR-Geschäft einsteigen. Muss ja auch für Ihre Herrin Hedone kein Schaden sein.

Ich bin eigentlich ganz zufrieden damit, wie es ist. Ich brauche keine Veränderung, jedenfalls nicht im Moment. Der Laden hier läuft gut, ich habe ein gutes Verhältnis zur Herrin und ich glaube, dass es mit Pompeji weiter aufwärts geht. Das Erdbeben vor einigen Jahren hat 'ne Menge kaputt gemacht, aber auch für frischen Wind gesorgt. Da sind neue Leute in die Stadt gekommen, die ordentlich anpacken.

Und sich stärker engagieren, scheint uns. Die Wahlpropaganda jedenfalls auf den Hauswänden ist enorm. Da mischen sich unheimlich viele in den Kommunalwahlkampf mit Empfehlungen ein, Bekannte, Nachbarn, Berufsvereinigungen, sogar Priester und Stadträte!

Und zum ersten Mal überhaupt Frauen! Haben Sie gesehen? *Frauen* fordern zur Wahl von Kandidaten auf, obwohl sie selbst nicht wählen dürfen. Irre, was?

Ja, haben wir gesehen. Wirklich erstaunlich!

Und wissen Sie, wer da sogar mitmacht? Zmyrina, Cuculla und noch ein paar andere Kolleginnen aus einer der Nachbarkneipen. Ihre Chefin Asellina hat ihnen grünes Licht gegeben. Und die machen jetzt für den einen oder anderen Kandidaten Reklame!

Langjährige Kunden ihres Gasthauses vermutlich?

Sie sind aber naiv! Das sind doch alles vornehme Herren, die sich da zur Wahl stellen! Die verkehren nicht in *tabernae*.

Oder vielleicht nur anonym, getarnt, um auch mal in die unkomplizierte, fröhliche Welt der kleinen Leute einzutauchen?

Da müssen sie schon Zmyrina oder Cuculla selbst fragen – oder noch besser ihre Chefin Asellina. Über *unsere* Kundschaft kann ich keine Auskunft geben.

Aber Sie selbst machen bei diesen Wahl-Aktionen nicht mit?

Ehrlich gesagt, ich täte es ganz gern. Aber die Chefin will das nicht. Wir sollen uns nicht so festlegen, sagt sie, das könnte Gäste verärgern.

Dürfen wir Sie abschließend nach Ihren Zukunftsplänen fragen?

Fragen Sie mal eine Sklavin nach ihrer Zukunftsplanung! In *dem* Spiel spielen andere die Hauptrolle. Aber gut, ich verrate Ihnen meinen Traum. Wenn alles gut läuft, wird Hedone mich wohl in ein paar Jahren freilassen. Für die Freilassungssteuer habe ich schon einiges zurückgelegt. Wenn ich weiter spare – Trinkgelder und Sonderzuwendungen, Sie verstehen, gibt's eigentlich ganz gut –, könnte ich dann eine eigene Kneipe aufmachen. Ich glaube ja, Pompeji hat Zukunft und die Stadt verträgt da noch ein paar „Neugründungen". Und es ist eine sehr lebenswerte Stadt!

Und dann werden wir Sie irgendwo wiedersehen, wie Sie mit Charme und Geschick Gäste in Ihr eigenes Lokal lotsen?

Und mit hoch gegürteter Tunica, Sie können es ruhig aussprechen. Wäre doch nicht das Schlechteste, oder?

Wir wünschen Ihnen, dass Ihr Traum in Erfüllung geht – und bedanken uns herzlich für das Gespräch.

„So toll ist die viel gerühmte Pax Romana nicht"
BULLA FELIX, RÄUBERHAUPTMANN

Nach einem Bericht des Cassius Dio (77, 10) machte eine Räuberbande von angeblich 600 Outlaws unter Führung eines Bulla Felix zu Beginn des 3. Jahrhunderts Mittelitalien unsicher. Erst ein energisches Eingreifen des Kaisers, der einen Tribunen seiner Leibwache mit einer starken Reiterei zur Bekämpfung der Räuber schickte, machte dem „Spuk" ein Ende. Bulla wurde in eine Falle gelockt, festgenommen und ad bestias, *zum tödlichen Kampf mit wilden Tieren, verurteilt. Er starb in der Arena, seine Truppe löste sich daraufhin auf. Cassius Dio stilisiert Bulla zu einer Art römischem Robin Hood, geradezu zum „guten" Pendant zu Kaiser Septimius Severus, dem „eigentlichen Räuber". An der Historizität dieser Darstellung sind Zweifel erlaubt. Es geht aber wohl zu weit, Bulla Felix als reine literarische Erfindung anzusehen, als Chiffre oder „Bündelung" der Räuberunruhen jener Zeit. Dafür gab es zu viele Zeitgenossen, die diesen historiographischen Kunstgriff hätten entlarven und generelle Zweifel an der Glaubwürdigkeit Dios hätten anmelden können.*

Wir treffen uns hier unter konspirativen Umständen. Sie haben uns ganz schön herumgescheucht. *Wir* sind einigermaßen erschöpft. Und Sie, Bulla Felix? Wie war *Ihr* Tag?

Offenbar entspannter als der Ihre. Entschuldigen Sie das kleine Versteckspiel, aber es sind so viele hinter mir her. Hier, wo wir reden, bin ich sicher, und war es den ganzen Tag über. Ich hatte übrigens Besuch von einer Dame aus, wie man so sagt, bestem Hause. Ein schöner Nachmittag!

Wir hörten gerüchteweise von Ihrer Beziehung. Und waren erstaunt, dass Sie solch enge Kontakte zur bürgerlichen Welt pflegen.

Sie wären noch erstaunter, wenn ich Ihnen erzählte, wie gut mein Draht auch zu einflussreichen Persönlichkeiten in so mancher Stadt ist. Aber das bleibt natürlich, wenn Sie so wollen, Geschäftsgeheimnis.

Sie selbst entstammen einer bürgerlichen Familie, vermuten wir aufgrund Ihres Auftretens. Ihr Name lässt ja keinerlei Rückschlüsse zu.

Ich kann das bestätigen. Um meine Familie zu schützen, habe ich mir einen Aktionsnamen zugelegt.

Bulla Felix – ein programmatischer Name? *bulla* ist das Amulett, das zu den Insignien des Kaisers zählt. Und *felix*, „der Glückliche", hat zumindest etwas Charismatisches – auch und gerade für Ihre Anhänger.

Ich will Ihnen da gar nicht widersprechen, allenfalls darauf hinweisen, dass auch „Felix“ seit einiger Zeit zur Kaisertitulatur gehört. Die Erfolgsgeschichte unserer Truppe zeigt, dass wir tatsächlich unter dem Schutz der Felicitas stehen, der Göttin des Glücks. Keinem einzigen meiner Kämpfer ist je etwas zugestoßen, obwohl die Behörden den Druck zugegebenermaßen seit einigen Monaten verstärkt haben.

Verstehen Sie sich tatsächlich als eine Art Gegen-Kaiser? Und ist *das* der Grund dafür, warum Sie manchen Beobachtern als der „edle Räuber“ erscheinen, der seine Opfer einigermaßen rücksichtsvoll behandelt?

Wir bemühen uns, gerechter zu sein als die kaiserliche Administration. Wir bringen den Leuten Verständnis entgegen, saugen sie nicht wie der Staat unerbittlich aus. Wir nehmen uns das, was wir zum Leben brauchen, aber wir berauben nach Möglichkeit niemanden seiner Existenzgrundlage.

Uns klingt das allzu verharmlosend. Sie sind, wenn wir das so formulieren dürfen, Banditen, die Menschen überfallen, ausrauben, Lösegeld erpressen und ihre Opfer drangsalieren – bis hin zu Todesdrohungen und tatsächlichen „Hinrichtungen“. Manch einer argwöhnt, dass Ihr, verglichen mit anderen Räuberbanden, behutsames Vorgehen reine Taktik ist, dass Sie sich das Mäntelchen von „Sozialräubern“ umhängen, um sich Sympathien in der Zivilbevölkerung zu verschaffen und Ihr „Gewerbe“ dadurch leichter ausüben zu können.

Hören Sie sich doch um in unserem Operationsgebiet hier in Mittelitalien! Man wird Ihnen bestätigen, dass wir Menschen nur im äußersten Notfall umbringen, viele mit einem Teil ihrer Habe wieder haben laufen lassen und niemanden länger als nötig gefangen halten.

Einfache Leute kommen schnell frei, wohlhabende aber erst dann, wenn Lösegeld übergeben ist?

Vor irgendetwas müssen wir ja leben. Kidnapping gegen Lösegeld ist bei allen Räubern ein wesentliches Geschäftsfeld.

Und der, der nichts besitzt, landet auf dem Sklavenmarkt?

Bei uns nur im Ausnahmefall. Aber natürlich benötigen wir Einnahmen. Eine Truppe von 600 Leuten zu unterhalten braucht eine solide Gegenfinanzierung. Freiwillig gibt uns niemand was.

Diese Zahl 600 geistert durch alle Berichte, die über Ihre Truppe – wir würden nach wie vor lieber sagen: „Bande“ – im Umlauf sind. Wir haben erhebliche Zweifel daran: 600, während andere Räuberbanden höchstens ein paar Dutzend Köpfe zählen? Bauen Sie da nicht einen gewaltigen Popanz auf?

Was meinen Sie, *warum* wir so erfolgreich agieren? *Warum* die Patrouillen, die gegen uns losgeschickt werden, nichts ausrichten? *Warum* die Öffentlichkeit auf uns aufmerksam wird und Sie mich um ein Interview bitten?

Mit der angeblich großen Zahl Ihrer Anhänger muss das nichts zu tun haben. Eher im Gegenteil. Könnte es sein, dass die Zahl 600 ähnlich wie Ihr Name eine symbolische Bedeutung hat? 600 Räuber als Gegenmodell zu 600 Senatoren?

Kaiser Felix und seine Senatoren – eine hübsche Idee, gefällt mir. Ohne dass ich die Zahl 600 bestätige: Wir sind mehr, viel mehr.

Wir haben unsere Zweifel, selbst wenn man Ihre Unterstützer und Sympathisanten außerhalb der eigentlichen Organisation einrechnet. Trifft es zu, dass Sie Maulwürfe in allen Städten haben?

Ich würde nicht von „Maulwürfen" sprechen, eher von „Bobachtern", „Informanten" und „Freunden", die uns auf dem Laufenden halten. Das kann ich ausdrücklich bestätigen. Glauben Sie mir: Es gibt niemanden, der Rom auf der Via Appia verlässt, von dem wir nicht hörten, niemanden, der in Brundisium an Land geht, den wir nicht registrierten. Wir wissen genau, wer in unserem Operationsgebiet unterwegs ist – und wer welchen Trupp gegen uns ausschickt.

Für ein vorzügliches Kommunikationsnetz, wie Sie es für sich reklamieren, spricht jedenfalls die Vielzahl der Meldungen, denen zufolge Bulla Felix hier und dort gesehen, hier und dort aufgespürt, hier und da festgenommen worden sei – und die sich allesamt als reine Gerüchte entpuppt haben. Bekommen Sie auch von Amtsträgern Tipps? Arbeiten Sie mit Bestechungsgeldern?

Wir haben überall Freunde und wir erweisen uns erkenntlich. Glauben Sie, dass unsere Kollegen anderswo im Imperium eine Chance hätten, auch nur einen einzigen – sagen wir: Festgehaltenen auf dem Sklavenmarkt zu verkaufen, wenn sie keine Freunde unter den Marktaufsehern hätten? Nicht jeder, der sich öffentlich lautstark über die „schlimmen" *latrones* ereifert, erweist sich in seiner Dienstausübung als engagierter „Banditen-Jäger".

Sie unterstellen einem Teil der lokalen Amtsträger Korruptionsanfälligkeit?

Ich unterstelle nicht, ich weiß es. Und *Sie* wissen es auch. Und Sie wissen auch, dass sich das nicht nur auf die lokalen Amtsträger beschränkt.

Vielleicht gehen wir zu einem anderen Punkt über. Wer schließt sich Ihnen eigentlich an? Woher kommt Ihr „Nachwuchs"?

Es gibt unterschiedliche Gründe, sich uns anzuschließen. Jetzt, wo wir seit einigen Monaten Erfolg haben, natürlich auch der Wunsch, an diesem Erfolg teilzuhaben – vor allem materiell, das will ich nicht bestreiten. Grundsätzlich aber sind es Unzufriedenheit, Perspektivlosigkeit, Verarmung und Verbitterung, die Menschen dazu bringen, aus ihrem „bürgerlichen" Alltag auszubrechen. Wobei ich dazu auch die zähle, die sich diesen „bürgerlichen" Alltag nicht selbst ausgesucht haben.

Sklaven zum Beispiel?

Genau. Flüchtige Sklaven finden bei uns ebenso ein neues Zuhause wie Landarbeiter und Tagelöhner aus der Stadt, die ihre Familie mit Gelegenheitsjobs nicht mehr ernähren können; Veteranen, die pleitegegangen sind, oder auch aktive Soldaten, die die Drangsalierung durch ihre Vorgesetzten nicht mehr aushalten; dazu auch der eine oder andere, der keine Lust mehr hat auf ein langweiliges bürgerliches Leben.

Welche Gruppe ist Ihnen am liebsten?

Ich gebe hier doch keine Zensuren! Mir sind alle willkommen. So viel kann ich aber sagen: Wer gelernt hat, mit Waffen umzugehen, ist natürlich besonders wertvoll für unsere Gemeinschaft, aber auch wer als entlaufener Sklave alles auf eine Karte gesetzt hat. Der hat genau die Entschlossenheit und Motivation, die uns stark machen.

Würden Sie sagen, Räuberbanden sind ein soziales Phänomen, das die Gesellschaft sich selbst zuzuschreiben hat?

Klar. Ohne Not und Verzweiflung keine Räuber! Na gut, nur wenige Räuber. Die meisten sind keine Kriminellen, die nur keine Lust auf geregelte Arbeit haben. Die sind hier, weil die Gesellschaft sie hierhin treibt. So toll ist die viel gerühmte *Pax Romana* nicht, wie die Kaiser uns glauben machen wollen. Es gibt genügend Hunger und Elend; das ist der Nährboden für das, was die „guten" Bürger „Räuberunwesen" hier und woanders nennen.

Sie sollen das ja sogar mal einem kaiserlichen Hauptmann auf den Kopf zugesagt haben.

Der war total konsterniert, als ich ihn aufforderte: „Melde deinen Gebietern, sie sollen ihren Sklaven zu essen geben, damit sie nicht zu Räubern werden!"

Ein starker Spruch, wenn wir das kommentieren dürfen. Wissen Sie, ob er Ihren Auftrag ausgeführt hat?

Der wird sich hüten. Das will doch keiner hören. Schon gar nicht aus dem Munde eines Bulla Felix.

Mag sein. Stimmt es eigentlich, dass Sie auch Teilzeit-Räuber in Ihren Reihen haben, die sonst einer normalen Arbeit nachgehen?

Ja, aber nur eine kleine Zahl. Die liefern uns ansonsten wertvolle Informationen. Solche *undercover-latrones* sind sehr wichtig für uns, aber sie leben riskant.

Es dürfte nicht ganz so leicht sein, eine so zusammengewürfelte Truppe im Griff zu halten.

Stimmt. Du brauchst eine feste Hand und klare Ansagen. Disziplin ist notwendig, gegenseitige Kontrolle auch. Verrat aus den eigenen Reihen hat vielen Kollegen anderswo das Genick gebrochen. Und Gleichheit ist wichtig, *latrones* sind eine weitgehend egalitäre Gesellschaft.

Und damit eine Gegen-Gesellschaft.

Ja, aber nicht unbedingt als Programm, sondern ganz pragmatisch. Ein Sklave, der vor seinem Herrn wegläuft, hat keine Lust, sich hier von neuen „Herren" herumkommandieren zu lassen.

Was geschieht mit der Beute? Wird sie auch nach dem Gleichheitsgrundsatz aufgeteilt?

Absolut. Das ist bei uns selbstverständlich. Und ich wüsste nicht, dass es irgendwo anders wäre.

Gilt das auch für den Anführer?

Unbedingt. Der ist nur vom Wach- und Tischdienst freigestellt, weil er genug anderes zu tun hat. Wer Wache schiebt und sich ums Essen kümmert, wird bei uns ausgelost – es sei denn, einer kann wirklich gut kochen. Privilegien gibt's keine.

Wie sind Sie in Ihre Position gekommen?

Ganz ordnungsgemäß gewählt. Ein Mann, eine Stimme. Es gab zwei andere Kandidaten, aber das Ergebnis war deutlich. Ein klarer Vertrauensbeweis. Was nicht heißt, dass ich allein entscheide. Bei wichtigen Angelegenheiten wird die ganze Truppe gefragt.

Kann man als Räuber reich werden?

Schön wär's. Ich kenne keinen. Mal gelingt dir ein guter „Fang" mit einem ordentlichen Haufen Lösegeld im Gefolge, mal stößt du beim

Überfall auf ein Gehöft auf ein schlecht gesichertes Versteck mit Gold und Wertsachen. Aber mit dem üblichen Viehdiebstahl, mit Schutzgelderpressung und Straßenraub kommst du gerade mal über die Runden.

Dafür gehen Sie ein hohes Risiko ein. Haben Sie keine Angst, eines Tages geschnappt zu werden?

Ganz unrealistisch ist das nicht. Auch nicht, bei einer Aktion von einem Angegriffenen verwundet oder getötet zu werden. Andererseits: Es gibt ja auf dem flachen Land so gut wie keine Polizei. Städte verfügen nur über schwache Sicherheitskräfte. Militär wird nur da eingesetzt, wo es wirklich „brennt", wo Räuber es aus der Sicht der Obrigkeit zu toll treiben.

Was ist mit den Bürgerwehren, die Gutsbesitzer hier und da organisieren?

Die sind für uns nicht ungefährlich – wenn die Sklaven, die da auch mitmachen, gut im Waffengebrauch ausgebildet und loyal sind. Eine echte Gefahr sind auch die scharfen Wachhunde. Wenn die losgelassen werden, wird's ungemütlich.

Ungemütlich wird's auch, wenn Räuber aufgebrachten Bürgern in die Hände fallen?

Und ob! Da ist schon mancher an Ort und Stelle aufgeknüpft oder auf den nächsten Marktplatz geschleift worden, um per Lynchjustiz abgeurteilt zu werden. Populär sind Räuber bei der Bevölkerung nicht – obwohl ich glaube, dass man mit mir und meinen Leuten weniger brutal umginge, wenn wir geschnappt würden.

Weil Sie Ihre Opfer „schonen", ihnen jedenfalls nicht alles nehmen und die meisten einfach laufen lassen, nachdem Sie sie ausgeraubt haben?

Ich freue mich, dass sich dieses Bild von unserem Tun bei Ihnen durchgesetzt hat. Ja, vor allzu spontaner Bürgerwut sind wir hier wohl etwas sicherer als der Räuberkollege anderswo.

Können Sie, wenn Sie der Staatsmacht in die Hände fallen sollten, ebenfalls auf ein milderes Urteil zählen?

Eine hypothetische Frage. Bulla Felix und seine Männer werden der Staatsmacht nicht in die Hände fallen! Sollte der Fall wider Erwarten doch eintreten, ist uns allen klar: Wer gefasst wird, landet am Kreuz oder wird den wilden Tieren vorgeworfen.

Keine schönen Aussichten.

Es gibt schönere.

„Leichenzüge sind Shows“
LUCIUS TOSSIUS AMPHIO, BESTATTER

Tossius ist aus einer Grabinschrift bekannt (CIL VI 1955), die ihn als dissignator *und* praeco *ausweist, als „Organisator von Beerdigungen“ und „Ausrufer“. Damit dürfte er Geschäftsführer eines lizenzierten Bestattungsunternehmens in Rom gewesen sein. Näheres über ihn ist nicht bekannt; die Verbindung mit Vespasians Bestattung ist historisch nicht belegt.*

Na, Lucius Tossius, heute schon wieder ein paar Leute unter die Erde gebracht? Wie war Ihr Tag?

Ihre burschikose Anrede finde ich nicht gerade angemessen. Ich gehe einem wichtigen, keineswegs unehrenhaften Beruf nach. Da darf ich einen gewissen Respekt erwarten.

Entschuldigen Sie bitte. Es war überhaupt nicht despektierlich gemeint. Wir hätten, ehrlich gesagt, nicht gedacht, dass man in Ihrem Gewerbe so zartbesaitet ist.

Es geht nicht um zartbesaitet. Natürlich müssen Sie als Bestatter einigermaßen robust sein, das ist klar. Aber wir genießen allgemein nicht das beste Ansehen. Und da wird man schon ein bisschen empfindlich, wenn der Ton nicht in Ordnung ist.

Wie erklären Sie sich die – von Ihnen wahrgenommenen – Vorbehalte der Menschen gegenüber Ihrem Berufsstand?

Schwer zu sagen. Natürlich hat niemand gern mit dem Tod zu tun. Das führt zu einer gewissen verständlichen Distanz gegenüber allen, die von Berufs wegen Serviceleister rund um das Sterben sind. Am häufigsten aber entzündet sich die Kritik an unserem Einkommen.

Mit dem Tod macht man keine Geschäfte – ist das die Einstellung der Leute und die immanente Kritik an der Bestattungsbranche?

Dass man das nicht zum Nulltarif anbieten kann, leuchtet den Menschen ein. Anstoß nehmen manche an der angeblichen Gier der Bestattungsunternehmen. Man wirft uns zu hohe Profite vor. *Das* sei, kritisieren einige, unmoralisch.

Eine berechtigte Kritik?

Ich glaube nicht. Ich behaupte ja nicht, dass die Geschäfte schlecht liefen, aber die Nörgler neigen zu einer sehr einseitigen Sicht der Dinge.

Sie schauen nur auf unsere Preise, nehmen aber den Kostendruck nicht wahr, unter dem wir stehen.

Erheblichen Unmut erregt wohl die Monopolstruktur der Branche. Wer vom Staat eine Lizenz als Bestatter erworben hat, hat eine Erlaubnis zum Geldprägen ergattert, meinen viele.

Und übersehen dabei, dass der Staat diese Lizenz nicht ohne Gegenleistung vergibt. Es ist das Gleiche wie bei der Steuerpacht: Die öffentliche Hand schreibt aus, fordert den Betrag X für eine bestimmte Vertragsdauer – in der Regel sogar im Höchstbietungsverfahren – und vergibt dann die Konzession an den Bieter, der gewonnen hat. Der hat dadurch zwar in einem bestimmten geographischen Bereich das Bestattungsmonopol, ist aber finanziell erheblich in Vorlage gegangen. *Die* Kosten muss man erst mal wieder reinholen.

Aber es ist doch eigentlich ein, entschuldigen Sie das Wortspiel, todsicheres Geschäft. Gestorben wird immer.

Fragt sich nur, wie viel den Angehörigen der Tod wert ist, wie viel sie für eine Bestattung ausgeben wollen. In wirtschaftlich schlechten Zeiten wird auch gern am Funeralaufwand gespart. Die Leidtragenden sind dann wir. Und im Übrigen verpflichten wir uns im Rahmen der Konzessionserteilung, bestimmte Dienstleistungen kostenlos zu erbringen.

Als da wären?

Zum Beispiel die Entsorgung gewissermaßen herrenloser Leichname. Nicht schön, aber Alltagsroutine: Die Toten, die irgendwo auf der Straße liegen oder bewusst dort abgelegt worden sind, wegzuschaffen und zu beerdigen. Oder auch die Entsorgung der Leichname hingerichteter Verbrecher. Dazu sind wir in unserem Gebiet vertraglich verpflichtet, dafür bezahlt uns niemand.

Je krimineller das von Ihnen „betreute“ Wohnviertel, umso heftiger der Gewinneinbruch?

Ich habe den Eindruck, Sie nehmen unsere Zunft schon wieder nicht so recht ernst. Aber grundsätzlich ist es so – und das sind eben unkalkulierbare Posten in der Gewinn- und Verlustrechnung, die Sie vor dem Bieterverfahren nur überschlägig abschätzen können.

Waren Sie persönlich am Bieterverfahren beteiligt?

Nein, das machen die Kapitalgeber allein. In unserem Falle ist es ein einziger finanzstarker Investor, der die Konzession als *libitinarius*, „Bestattungsunternehmer", innehat. Ich bin sozusagen der Kopf der operativen Ebene, der Geschäftsführer.

Ihre Berufsbezeichnung *dissignator* bedeutet ja eigentlich „Platzanweiser" – etwa im Bereich der öffentlichen Spiele – beziehungsweise „Organisator von Leichenzügen". Sind Sie eine Art „Leichenzugsmarschall"?

Historisch gesehen, hat sich der Begriff so entwickelt. Bei größeren Leichenzügen ist das nach wie vor meine wichtigste Aufgabe. Da muss ja alles perfekt organisiert sein, darf im Ablauf nichts schiefgehen. Mittlerweile aber hat sich der *dissignator* sozusagen zu einem Generalmanager weiterentwickelt, der das Stadtbüro leitet, der Ansprechpartner für die Trauerfamilien ist und der das ganze *funus,* „Begräbnis", durchplant, das Personal einteilt, freie Mitarbeiter anheuert und mit den Behörden Kontakt hält.

Sie legen also nicht mehr selbst Hand an, tun nicht mehr Dienst unmittelbar an der Leichenfront, wenn wir das so ausdrücken dürfen.

Dürfen Sie eigentlich nicht; da kommt wieder so ein Spott durch, der nicht zum ernsten Thema passt. In der Sache haben Sie recht. Für alle notwendigen Schritte im Gesamtablauf haben wir unsere Spezialisten. Ich koordiniere deren Einsatz.

Das beginnt doch sicher mit der Herrichtung des Leichnams.

Des Leichnams und des Totenzimmers – wobei wir hier nur von Familien sprechen, die die entsprechenden Räumlichkeiten haben und die sich eine etwas kostspieligere Bestattung finanziell überhaupt leisten können. Bei den einfachen Leuten werden wir mit dem Transport des Leichnams zum Grab oder zum Krematorium außerhalb der Stadtmauer und seiner jeweiligen Weiterbehandlung beauftragt. Bei beengten Wohnverhältnissen kommt eine Aufbahrung ja gar nicht in Frage. Diese Basisdienstleistung macht übrigens das Gros unserer Aufträge aus. Das kostet dann zwischen 50 und 150 Sesterze, also maximal den halben Monatslohn eines einfachen Arbeiters. Damit verdient sich kein *libitinarius* eine goldene Nase.

Lassen Sie uns zu den lukrativeren Aufträgen im gutbürgerlichen oder noch „besseren" Milieu zurückkehren. Wie läuft Ihre Arbeit dort ab, wenn Sie benachrichtigt worden sind? Sie reagieren vermutlich schnell.

Absolut. Das ist Teil unserer Dienstleistung. Unaufdringliche Schnelligkeit ist ein wichtiges Versprechen im Rahmen unseres funerären Rund-um-Service, den wir garantieren. Bei hohen Temperaturen kommt es auf jede Stunde an.

Das heißt, Sie schicken sofort einen Mitarbeiter in das Haus des oder der Verstorbenen.

In der Regel mehrere *pollinctores*. Das sind unsere Spezialisten für die Herrichtung des Leichnams: Waschen, Einsalben mit schweren Aromen und Duftölen, Ankleiden und Aufbahren. Hinzu kommt das Schmücken des *lectus funebris*, „Totenbettes", sowie des Aufbahrungsraumes: Blumenkränze, brennende Kerzen und Brandschalen mit Weihrauch – der garantiert einen angenehmen Geruch im Raum, wenn Sie verstehen. Die *pollinctores* sind fest angestellte Mitglieder unseres Bestattungsteams oder Sklaven, die dem *libitinarius* gehören, aber immer speziell ausgebildete Fach-, keine billigen Aushilfskräfte.

Freie und Sklaven arbeiten in Ihrem Betrieb Hand in Hand?

Genauso wie in anderen Branchen. Eine absolute Normalität – sehr kollegial und meist ohne Spannungen. Wir haben ein gutes Betriebsklima.

Zumal sich Ihre eigentlichen Kunden ja ausgesprochen friedlich verhalten und niemandem in die Quere kommen.

Sie können es nicht lassen! Die Angehörigen der Toten schauen uns übrigens sehr genau auf die Finger. Und müssen natürlich auch ziemlich feinfühlig behandelt werden. Wir schulen unser Personal auch hinsichtlich des notwendigen Fingerspitzengefühls im Umgang mit Trauernden.

Wie sieht es mit den *praeficae*, „Klagefrauen", aus? Werden die von der Familie selbst engagiert oder über Sie gemietet?

In aller Regel über uns. Wir haben einen großen Pool an Klagefrauen, einige sind fest angestellt, die meisten sind freie Mitarbeiterinnen, die auf Stundenbasis von uns entlohnt werden. Professionelles Weinen – manchmal tagelang – hat übrigens auch seinen Preis.

Den Sie der Trauerfamilie aber doch in Rechnung stellen, mit gehörigem Aufschlag vermutlich.

Wir sind ein gewinnorientiertes Unternehmen, kein Sozialverein.

Wie lange dauert die Aufbahrung des Toten im Hause, und wie geht es danach weiter?

Mehr als ein paar Tage sollte die *collocatio* nicht dauern, wir raten zu zwei, maximal drei Tagen. Zwischendurch ist der *pollinctor* immer mal wieder gefordert, Sie verstehen? In dieser Zeit bereiten wir die *pompa funebris* vor. Da sind etliche logistische Fragen zu klären – das klassische Berufsfeld des *dissignator*. Der organisiert den ganzen Leichenzug.

Der Aufwand hängt natürlich stark von der Stellung des oder der Verstorbenen und den Wünschen der Familie ab. Manche Familien nutzen das ganz bewusst zur Selbstdarstellung; da wird an nichts gespart.

Darf man die *pompa funebris* als eine Art Show bezeichnen, oder reagieren Sie da wieder pikiert?

Es *ist* eine Show, und sie wird als solche inszeniert. Die Familie zeigt, was sie hat, erst recht, wenn sie zur gesellschaftlichen Elite zählt. Und sie legt Wert darauf, dass die *pompa* möglichst viele Schaulustige anzieht. Römer lieben die Show und deshalb ist sozusagen stets für ein „volles Haus" gesorgt. Wenn Sie aber sichergehen wollen – und die meisten Trauerfamilien *wollen* das –, dann wird die Beisetzung durch einen Ausrufer bekannt gemacht. Wir haben einen hervorragenden *praeco*, „Herold", unter Vertrag, den wir dafür engagieren. Ein stimmgewaltiger Bursche! Ich selbst habe das Gewerbe übrigens auch gelernt, bevor ich mich zum *dissignator* weitergebildet habe und dann in die Chefetage aufgestiegen bin.

Was fasziniert die Leute so an einer Bestattungsprozession?

Es ist ein Augen- und Ohrenschmaus. Chöre, die Trauerlieder singen, Musiker, vor allem Horn- und Tubabläser, Tänzer und Schauspieler, die die Wachsmasken bedeutender Ahnen des oder der Verstorbenen tragen und die Dignität der Trauerfamilie repräsentieren, Fackelträger, die von unseren Mitarbeitern in Schulterhöhe getragene, reich geschmückte Totenbahre – Blumenkränze, Teppiche, Tücher, im Sommer häufig ein Baldachin sind sozusagen ornamentaler Standard –, die Familie in schwarzer Trauerkleidung, darunter oft ganz prominente Leute: Das Ganze ist ein würdiges, aber eben auch in der eigentlichen Bedeutung „sehenswertes" *spectaculum*.

Und eine bewegende, getragene Stimmung, die die Feier prägt?

Von wegen! Es ist ein richtig lautes Spektakel, am Anfang des Zuges Musikanten als weithin schallende Krachschläger, dann die Klageweiber, die mit ihrem Geheul Musik und Gesang möglichst übertönen wollen, und die Schauspieler, die allerlei Späße vorführen – und dabei den Verstorbenen als Menschen in Erinnerung rufen. Er wird – wenn die Familie zustimmt – auch in seiner menschlichen Schwäche dargestellt. Über manches, was da vorgeführt wird, muss man unwillkürlich lachen.

Und die trauernde Familie macht diesen – verzeihen Sie – Klamauk bereitwillig mit?

Es ist so üblich, das gehört einfach dazu. Und es ist ja auch nur *eine*

Facette des Ganzen – neben der Prachtentfaltung, den Ehren- und Rangabzeichen des Toten, die auch im Zug präsentiert werden, den würdevollen Ahnenmasken und der Trauerrede, die ein naher Verwandter hält. Eine gute Show ist nie eindimensional. Sie setzt auf unterschiedliche Emotionen.

Anderen Völkern erschiene da manches als Pietätlosigkeit. Gerade auch das Nachspielen des verstorbenen Menschen, so liebenswürdig manche Marotten auch zu Lebzeiten angemutet haben mögen.

Rom hat da nun einmal eine andere Tradition. Und wir sind stolz darauf. Soll ich Ihnen mal das „stärkste Stück" erzählen, das ich je erlebt habe? So würden Sie es jedenfalls einstufen.

Wir sind gespannt.

Unser Unternehmen hatte die große Ehre, die Bestattung Kaiser Vespasians zu organisieren. Eine Riesenherausforderung! Der Kaiserhof wollte ein grandioses Spektakel. Und sozusagen als Doppelgänger des Kaisers haben wir den Archimimus Favor engagiert, den führenden Schauspieler der Stadt. Er trat in der *pompa funebris* als Vespasian auf.

Und kam dabei gut an?

Er landete einen Super-Coup, bei dem mir, ehrlich gesagt, das Herz stehen geblieben ist. Er fragte die zuständigen Beamten, was denn „seine" Beerdigung so koste. „Zehn Millionen Sesterze", antworteten die wahrheitsgemäß. Worauf Favor, der Doppelgänger des notorisch geizigen Kaisers, empört ausrief: „Zehn Millionen! Gebt mir lieber 100 000 – und schmeißt mich in den Tiber!"

Wir vermuten, dass Vespasian trotzdem nicht im Tiber gelandet ist?

Natürlich nicht. Sein Leichnam wurde – nach der obligatorischen *laudatio funebris*, der „ehrenvollen Totenrede" auf dem Forum – zum Verbrennungsplatz gebracht, auf den Scheiterhaufen gelegt und eingeäschert. Der *rogus* war ebenso pompös wie der Leichenzug – ein kunstvoll aufgeschichteter, mit gewaltigen Mengen von sündhaft teuren Aromen besprengter Scheiterhaufen, ein Meisterwerk unserer *ustores*.

Das heißt, Ihr Institut verfügt auch über professionelle „Leichenverbrenner"?

Die braucht man. Da ist eine Menge Sachverstand gefragt beim Aufschichten des Holzes. Stellen Sie sich vor, kurz nach dem Anzünden fällt der Scheiterhaufen schon in sich zusammen und die Bahre mit dem Leichnam stürzt ab. Peinlich! Habe ich zum Glück nur einmal erlebt.

Außerdem sind die *ustores* dafür verantwortlich, dass hohe Temperaturen erreicht werden und nur wenig Leichenbrand am nächsten Morgen zurückbleibt. Sie kontrollieren auch das gefahrlose Abbrennen des Scheiterhaufens und nehmen nachts die Brandwache wahr.

Die meisten Leute bevorzugen die Brandbestattung?

Ja, *der* Trend ist ungebrochen. Aber es gibt auch immer mal wieder welche, die die Erdbestattung vorziehen.

Auch da verfügt Ihr Unternehmen über einschlägiges Know-how?

Ich überhöre den ironischen Zungenschlag. Klar, da haben wir *fossores*, „Totengräber". Die brauchen natürlich keine besondere Ausbildung. Die heben Gräber aus und schaufeln sie nach der Bestattung wieder zu. Wir setzen sie übrigens auch als Sargträger ein – dann wird der *fossor* zum *vespillo*. Aber den Begriff benutzen wir nicht mehr so gerne.

Warum das?

Weil er drauf und dran ist, sich zum Schimpfwort zu entwickeln. Manche verstehen darunter einen „Leichenberauber" oder „Grabschänder".

Weil sich der eine oder andere *vespillo* schon mal an Grabbeigaben vergreift?

Mag sein, dass es das anderswo gegeben hat. Ich möchte aber deutlich feststellen, dass *wir* davon niemanden im Team haben. Wir sind stolz darauf, ein seriöses Bestattungsinstitut zu sein, und halten uns auf größtmöglichen Service und Kundenzufriedenheit einiges zugute.

Den Slogan mit der Kundenzufriedenheit sollten Sie vielleicht noch einmal überdenken.

Ich lade Sie gerne ein, unseren Service auszuprobieren.

ANHANG

Abkürzungen

CIL	Corpus Inscriptionum Latinarum
Dessau ILS	H. Dessau, Inscriptiones latinae selectae
ZPE	Zeitschrift für Papyrologie und Epigraphik

Literaturhinweise

PROMINENTE

Appius Claudius Caecus

M. Jehne, Demokratie in Rom? Die Rolle des Volkes in der Politik der römischen Republik, Stuttgart 1995

B. Linke, Appius Claudius Caecus – ein Leben im Zeitalter des Umbruchs, in: K.-J. Hölkeskamp/E. Stein-Hölkeskamp (Hgg.), Von Romulus zu Augustus, München 2000, 69ff.

Marcus Porcius Cato

A. E. Astin, Cato the Censor, Oxford 1978

H.-J. Gehrke, Marcus Porcius Cato Censorinus, in: K.-J. Hölkeskamp/E. Stein-Hölkeskamp (Hgg.), Von Romulus zu Augustus, München 2000, 147ff.

G. Vogt-Spira u. a. (Hgg.), Rezeption und Identität. Die kulturelle Auseinandersetzung Roms mit Griechenland als europäisches Paradigma, Stuttgart 1999

H. Wulfram, Ex uno plures? Studien zum posthumen Persönlichkeitsbild des Alten Cato, Berlin 2009

Cornelia

L. Burckhardt/J. v. Sternberg, Cornelia, Mutter der Gracchen, in: M. H. Dettenhofer (Hg.), Reine Männersache?, München 1996, 97ff.

E. D'Ambra, Roman women, Cambridge 2007

W. Schuller, Frauen in der griechischen und römischen Geschichte, Konstanz 1995

D. Stockton, The Gracchi, Oxford 1979

Gaius Sergius Orata

J. H. D'Arms, Romans on the Bay of Naples and other essays, Bari 2003, 31ff.

G. G. Fagan, Sergius Orata: inventor of the hypocaust?, Phoenix 50, 1996, 56ff.

J. Higginbotham, Piscinae. Artificial fishponds in Roman Italy, Chapel Hill/London 1997

Spartacus

K. R. Bradley, Slavery and rebellion in the Roman world 140 B. C.–70 B. C., London 2. A. 1998

K. Brodersen, Ich bin Spartacus, Darmstadt 2010

B. Strauss, The Spartacus war, New York 2009

Th. Urbainczyk, Spartacus, London 2004

Th. Urbainczyk, Slave revolts in Antiquity, Berkeley/Los Angeles 2008

J. Vogt, Sklaverei und Humanität, Wiesbaden 2. A. 1972

Gaius Iulius Caesar

E. Baltrusch, Caesar und Pompeius, Darmstadt 2. A. 2008

W. Dahlheim, Julius Caesar. Die Ehre des Kriegers und die Not des Staates, Paderborn 2005

M. Jehne, Caesars Gallischer Krieg. Text und Tat, in: E. Stein-Hölkeskamp/K.-J. Hölkeskamp (Hgg.), Erinnerungsorte der Antike. Die römische Welt, München 2006, 234ff.

K.-W. Weeber, Rom sei Dank! Warum wir alle Caesars Erben sind, Frankfurt/M. 2010, 72ff.

W. Will, Veni, vidi, vici. Caesar und die Kunst der Selbstdarstellung, Darmstadt 2008

Augustus

D. Favro, The urban image of Augustan Rome, Cambridge 1996

J. Fündling, Das Goldene Zeitalter. Wie Augustus Rom neu erfand, Darmstadt 2013

K. Galinsky, Augustan culture, Princeton 1996

R. v. d. Hoff u. a., Divus Augustus. Der erste römische Kaiser und seine Welt, München 2014

E. La Rocca u. a. (Hgg.), Augusto, Ausstellungskatalog Rom/Scuderie del Quirinale, Mailand 2013

P. Zanker, Augustus und die Macht der Bilder, München 5. A. 2009

Iunia Torquata

A. Bätz, Sacrae virgines. Studien zum religiösen und sozialen Status der Vestalinnen, Paderborn 2012

N. Mekacher, Die Vestalischen Jungfrauen in der römischen Kaiserzeit, Wiesbaden 2006

J. C. Saquate, Las vírgines Vestales, Madrid 2000

Messalina

E. D'Ambra, Roman women, Cambridge 2007

W. Eck, Valeria Messalina – oder: Der Palast als Bordell?, in: H. Temporini-Gräfin Vitzthum (Hg.), Die Kaiserinnen Roms, München 2002, 116ff.

A. Kolb, Augustae. Machtbewusste Frauen am römischen Kaiserhof, Berlin 2010

C. Ouesta, Messalina, meretrix Augusta, in: R. Raffaeli (Hg.), Vicende e figure femminili in Grecia e Roma, Rom 1995, 399ff.

Nero

G. J. Baudy, Die Brände Roms. Ein apokalyptisches Motiv in der antiken Historiographie, Hildesheim 1991

E. Champlin, Nero, Cambridge/Mass. 2003

St. Elbern, Nero. Kaiser, Künstler, Antichrist, Mainz 2010

P. Guyot/R. Klein, Das frühe Christentum bis zum Ende der Verfolgungen, Darmstadt 2. A. 1997

H. Schneider, Nero, in: M. Clauss (Hg.), Die römischen Kaiser, München 4. A. 2010, 77ff.

G. H. Waldherr, Nero, Regensburg 2005

Vespasian

A. J. Boyle/W. J. Dominik (Hgg.), Flavian Rome. Culture, image, text, Leiden 2003

B. Levick, Vespasian, London/New York 1999

J. Malitz, Vespasian, in: M. Clauss (Hg.), Die römischen Kaiser, München 4. A. 2010, 86ff.

St. Pfeiffer, Die Zeit der Flavier, Darmstadt 2009

A. Wilson, The economy of ordure, in: G. Jansen u. a. (Hgg.), Roman toilets, Leuven 2011, 147ff.

Ummidia Quadratilla

R. Ash, Women in Imperial Roman literature, in: Sh.L. James/Sh. Dillon (Hgg.), A companion to women in the ancient world, Oxford/Malden, 2012, 442ff.

J. M. Calon, Pliny's women, Cambridge 2009

E. Hemelrijk, Female munificence ..., in: E. H./G. Wolf (Hgg.), Women and the Roman city in the Latin West, Leiden 2013, 65ff.

J.-A. Shelton, The women of Pliny's letters, London/New York 2013

Gaius Plinius Secundus der Jüngere

K. Aland, Das Verhältnis von Staat und Kirche in der Frühzeit, in: ANRW (Festschrift J. Vogt) II 23, 1, Berlin/New York 1979, 60ff.

D.-A. Koch, Geschichte des Urchristentums, Göttingen 2013

O.F. Robinson, The criminal law of ancient Rome, Baltimore 1995

V. Schillinger-Häfele, Plinius ep. 10, 96 und 97. Eine Frage und ihre Beantwortung, Chiron 9, 1979, 383ff.

W. Weber, nec nostri saeculi est, in: R. Klein (Hg.), Das frühe Christentum und der römische Staat, Darmstadt 1971, 1ff.

WENIGER PROMINENTE

Lucius Albius Crescens

J. D'Arms, Control, companionship and clientela, Echos du monde classique 28, 1984, 322ff.

F. Goldbeck, Salutationes. Die Morgenbegrüßung in Rom ..., Berlin 2010

A. Wallace-Hadrill, Patrons and clients in the ancient world, London/New York 1988

A. Winterling, Freundschaft und Klientel im kaiserzeitlichen Rom, Historia 57, 2008, 298ff.

Lucius Orbilius Pupillus

S. F. Bonner, Education in ancient Rome, London 1977

A. D. Booth, Punishment, discipline and riot in the schools of Antiquity, Echos du monde classique 17, 1973, 107ff.

J. Christes u. a. (Hgg.), Handbuch der Erziehung und Bildung in der Antike, Darmstadt 2006

K.-W. Weeber, Lernen und leiden. Schule im Alten Rom, Darmstadt 2014

Aurelia Nais

B. Cech, Lukullische Genüsse. Die Küche der alten Römer, Darmstadt 2013

A. Donati/P. Pasini, Pesca e pescatori nell'antichità, Mailand 1997

C. Holleran, Shopping in ancient Rome, Oxford 2012

W. Tietz, Dilectus ciborum. Essen im Diskurs der römischen Antike, Göttingen 2013

Lucius Trebius Fidus

F. Ausbüttel, Untersuchungen zu den Vereinen im Westen des römischen Reiches, Kallmünz 1992

B. Bollmann, Römische Vereinshäuser, Mainz 1998

F. Diosono, Collegia. Le associazioni professionali nel mondo romano, Rom 2007

D. Rohde, Zwischen Individuum und Stadtgemeinde. Die Integration von collegia in Hafenstädten, Mainz 2012

Ursus

St. Busch, Versus balnearum. Die antike Dichtung über Bäder ..., Stuttgart/Leipzig 1999

E. Champlin, The glass ball game, ZPE 60, 1985, 159ff.

M. Fittà, Spiele und Spielzeug in der Antike, Stuttgart 1998

M. G. Schmidt, Ursus togatus, ZPE 126, 1999, 240ff.

J.-P. Thuillier, Sport im antiken Rom, Darmstadt 1999

K.-W. Weeber, Baden, spielen, lachen. Wie die Römer ihre Freizeit verbrachten, Darmstadt 2007

Vacerra

G. Jansen u. a. (Hgg.), Roman toilets, Leuven 2011

E. Stein-Hölkeskamp, Das römische Gastmahl, München 2005

E. Stein-Hölkeskamp, Culinarische Codes. Das ideale Bankett bei Plinius ..., Klio 84, 2002, 465ff.

Spurius Sentina

G. S. Aldrete, Gestures and acclamations in ancient Rome, Baltimore 1999

L. Bablitz, Actors and audience in the Roman courtroom, London/New York 2007

Valeria Verecunda

H. Achner, Ärzte in der Antike, Mainz 2009

R. Jackson, The role of doctors in the city, in: A. MacMahon/J. Price (Hgg.), Roman working lives and urban living, Oxford 2005, 202ff.

A. Krug, Heilkunst und Heilkult. Medizin in der Antike, München 1993

K.-H. Leven (Hg.), Antike Medizin. Ein Lexikon, München 2005

F. Steger, Asklepiosmedizin: Medizinischer Alltag in der römischen Kaiserzeit, Stuttgart 2004

Tryphon

H. Blanck, Das Buch in der Antike, München 1992

E. Fantham, Literarisches Leben im antiken Rom, Stuttgart 1998

K. Schickert, Der Schutz literarischer Urheberschaft im Rom der klassischen Antike, Tübingen 2005

R. Winsbury, The Roman book, London 2009

Marcus Antonius Niger

G. G. Fagan, The lure of the arena, Cambridge/New York 2011

R. Garraffoni, Gladiator's daily life and epigraphy, Nikephoros 21, 2008, 223ff.

Chr. Mann, Die Gladiatoren, München 2013

F. Meijer, Gladiatoren. Das Spiel um Leben und Tod, Düsseldorf 2004

Th. Wiedeman, Kaiser und Gladiatoren, Darmstadt 2001

Gaius Appuleius Diocles

S. Bell, Roman chariot racing, in: P. Christesen/D. G. Kyle (Hgg.), A companion to sports and spectacle in Greek and Roman Antiquity, Malden/Oxford 2014, 492ff.

G. Horsmann, Die Wagenlenker der römischen Kaiserzeit, Stuttgart 1998

K.-W. Weeber, Circus Maximus. Wagenrennen im antiken Rom, Darmstadt 2010

Pylades

F. Dupont, L'acteur-roi. Le théâtre dans la Rome antique, Paris 2. A. 2003

P. E. Easterling/E. Hall (Hgg.), Greek and Roman actors, Cambridge 2002

D. S. Potter, Entertainers in the Roman Empire, in: D. S./D. J. Mattingly (Hgg.), Life, death and entertainment in the Roman Empire, Ann Arbor 1999, 256ff.

A. Rottloff, Die berühmten Schauspieler. Von der Antike bis zur Renaissance, Darmstadt 2010

Iris

J. De Felice, Inns and taverns, in: J. J. Dobbins/P. W. Fors (Hgg.), The world of Pompeii, London/New York 2007, 474ff.

J. De Felice, Roman hospitality. The professional women of Pompeii, Pennsylvania 2001

T. Kleberg, In den Wirtshäusern und Weinstuben des antiken Rom, Darmstadt 2. A. 1963

A. MacMahon, The taberna counters of Pompeii and Herculaneum, in: A. MacMahon/J. Price (Hgg.), Roman working lives and urban living, Oxford 2005, 70ff.

K.-W. Weeber, Nachtleben im Alten Rom, Darmstadt 3. A. 2011

Bulla Felix

Chr. J. Fuhrmann, Policing the Roman Empire, Oxford 2012

Th. Grünewald, Räuber, Rebellen, Rivalen. Studien zu den latrones im Römischen Reich, Stuttgart 1999

P. Jung, latrones! In: M. Reuter/R. Schiavone (Hgg.), Gefährliches Pflaster. Kriminalität im Römischen Reich, Mainz 2011, 173ff.

J.-U. Krause, Kriminalgeschichte der Antike, München 2004

W. Ries, The Roman bandit as criminal and outsider, in: M. Peachin (Hg.), The Oxford handbook of social relations in the Roman world, Oxford 2011, 693ff.

B. D. Shaw, Der Bandit, in: A. Giardina (Hg.), Der Mensch der römischen Antike, Frankfurt/M. 1991, 337ff.

Lucius Tossius Amphio

J. Bodel, Death on display. Looking at Roman funerals, in: B. Bergmann/C. Kondoleon (Hgg.), The art of ancient spectacles, Washington 1999, 259ff.

St. Schrumpf, Bestattung und Bestattungswesen im Römischen Reich, Göttingen 2006

V. M. Hope, Death in ancient Rome. A sourcebook, London/New York 2007